W0278045

Herbe Garbe, Weiberkittel
Von Heiligen, Pflanzen und Substanzen

Viola/Veilchen

Impressum

Idee, Konzeption: Elsbeth Wallnöfer
Fotografie: Peter Kubelka
Grafik: Tommi Bergmann
Lithografie: Farbantrieb, Wien
Papier: Arctic Volume Highwhite
Druck: Gugler, Melk

ISBN 978-3-9502578-0-9

© 2008 marmelade Wien
http://marmelade.co.at

Die Deutsche Nationalbibliothek verzeichnet diese Publikation in der Deutschen Nationalbibliografie; detaillierte bibliografische Daten sind im Internet unter http://www.d-nb.de/ abrufbar.

Alle Rechte vorbehalten: Insbesondere der Übersetzung, der fotomechanischen Wiedergabe, der Daten verarbeitenden Speicherung zur Verbreitung. Das Werk darf weder ganz noch auszugsweise ohne schriftliche Genehmigung des Verlages in irgendeiner Form reproduziert werden.

ARCTIC PAPER

KULTUR NIEDERÖSTERREICH

Herbe Garbe, Weiberkittel

Von Heiligen, Pflanzen und Substanzen

Bodo Hell, Peter Kubelka, Wolfgang Kubelka, Elsbeth Wallnöfer

ANNABERG

marmelade m

Inhaltsverzeichnis

Taraxacum/Löwenzahn

Sambucus/Holunder

Achillea/Schafgarbe

Vorwort

Das hier vorliegende Buch ist die Fortführung eines im letzten Jahr begonnenen Projektes mit dem Titel *Von heiligen Orten und heiligen Seelen. Annaberg und die heilige Anna*. Die Erzählung über diese wunderbare Person, sie ist die Mutter Mariens und die Großmutter Jesu, und die Erzählung über Annaberg und die heilige Anna hat nun eine Fortsetzung gefunden. Haben wir letztes Jahr über den kunsthistorischen Schatz der Selbdrittgruppe, und die Fresken in der Kirche sowie Annaberg als ehemaligen Wallfahrtsort geschrieben, so widmen wir uns in diesem Jahr den Pflanzen in ihrer volksreligiösen und pharmazeutischen Bedeutung. Eine Volkskundlerin, ein Pharmakognost, ein kluger Schriftsteller und Senner und ein Fotograf haben sich gemeinsam dem Thema genähert. Die Kräuter, auf die zurückgegriffen wurde wachsen alle auch im Gebiet rund um Annaberg und sind Teil der Kultur- und Kunstgeschichte. Viele der hier abgebildeten Pflanzen sind um die 150 Jahre alt und aufgrund ihres trockenen Zustands behutsam zu behandeln. Sie kommen aus Herbarien, aus Kräutersammlungen, wie sie gerne im ausgehenden 18. und beginnenden 19. Jahrhundert zu Studienzwecken angelegt wurden. Damals gesammelt in Botanisiertrommeln, wie heute gepresst und aufgelegt auf Herbarbögen, sind sie überwiegend dem Fachmann zugänglich. Diese Herbarien, sie werden laufend ergänzt und erweitert, sind mit ihren Millionen von Exemplaren weiterhin Voraussetzung für moderne botanische Forschung. Wir haben jeden Grund uns beim Benediktinerstift Admont und dem Department für Botanische Systematik und Evolutionsforschung der Universität Wien für die Bereitschaft, unserem Fotografen die Pflanzen anzuvertrauen, zu bedanken. Der Fotograf, Peter Kubelka, hat das Vertrauen genutzt, um dem morbiden Grün zu unerwartet neuem Leben zu verhelfen. Mit viel Einfühlungsvermögen und handwerklichem Können hat er Kunstwerke von ausgesprochener Schönheit, Freundlichkeit und Lebendigkeit geschaffen. Sie verhelfen den Texten im Buch zu zusätzlicher Wirkung. Die Volkskundlerin und der Pharmakognost haben gemeinsam einen Text produziert, bei dem der Leser den Übergang zwischen volkskultureller Tradition und medizinischer Information zu spüren bekommt. In ihm treffen sich Tradition und Moderne. Bodo Hell, er ist nicht nur Schriftsteller sondern auch Senner und Kenner von Vieh, Kraut, Land und Leuten, hat zu Allem Paraphrasen geschrieben. Er eröffnet damit einen Kosmos von Glauben, Aberglauben und Alltagswissen. Dabei liefert er eine Ethnografie aus vielen Teilen Österreichs, aber auch Kenntnisse über die Anwendung der Kräuter. Mit seinem Text runden wir das Thema über die Nützlichkeit wie Schönheit volkskultureller Kontinuitäten ab.

Das bereits erwähnte Vertrauen der Herren und Damen der Herbare will an dieser Stelle ausdrücklich namentlich benannt werden. Wir danken Dr. Gerald Unterberger und ganz besonders Sabine Lengauer vom Benediktinerstift Admont, ebenso Dr. Walter Till vom Department für Botanische Systematik und Evolutionsforschung der Universität Wien.

Unser besonderer Dank gilt den Mentoren dieses Projektes, Inge Rinke, Abgeordnete zum NÖ-Landtag und Bürgermeisterin von Krems, und Karl Bader, Abgeordneter zum NÖ-Landtag.

Angelica/Engelwurz

Aquilegia/Akelei

Elsbeth Wallnöfer, Wolfgang Kubelka

Mariengras und Herrgotts Ruckenkraut

Zahlreich sind die Quellen zu den Pflanzen in der christlichen Ikonographie. In den Museen finden sich weltweit Werke großer und weniger großer Maler, die in ihren Heiligendarstellungen nicht darauf vergessen haben, ihre Bilder mit Blumen auszufüllen. Diese symbolisieren bestimmte Eigenschaften, die oft auch in Zusammenhang mit den Tugenden der dargestellten Heiligen stehen. Häufiger jedoch gehören ihre Bedeutungen gerade in der Volksmedizin in eine Reihe von Legenden, die je nach Region unterschiedlich ausfallen. Wohl auch, weil sich die Blumen und Gräser zu unterschiedlichen Zeiten ihren Weg ins Freie bahnen, die Erfahrung sich anders ausgebildet hat. Nebenbei liegt es in der Natur des Erzählers der Legenden, die mündlich weiter getragene Schilderung mit eigenen Phantasien und Launen auszuschmücken.

Ursprünglich griff die christliche Pflanzensymbolik sicherlich auch auf Vorbilder der antiken Mythologie zurück. Was die heilkundliche Bedeutung von Pflanzen betrifft, war Plinius der Ältere, der beim Vesuvausbruch im August 79. Chr. zu Tode kam, mit der von ihm verfassten *Naturalis historia* sehr einflussreich. Dann übte eine gewisse Wirkung noch das *liber floridus* am Anfang des 12. Jahrhunderts, von Lambertus von St. Omer in Flandern zusammengestellt, aus. Das *Hohelied* mit seinem Einfluss auf die mittelalterlichen Mystiker tat sein übriges. Die meisten später entstandenen Schriften zur Pflanzenkunde wurden im Charakter nach und nach naturwissenschaftlicher. Die *Botanikärzte* im 16.Jahrhundert lieferten in ihren Kräuterbüchern unter Verwendung der Holzschnitttechnik bereits ausgezeichnete Pflanzenbeschreibungen und fassten das damalige Wissen über die Heilkraft der einzelnen Pflanzen zusammen. Die Suche nach der *Quintessenz*, den besonderen Kräften der Pflanzen, den Prinzipien, denen man Gift- oder Heilwirkungen zuschreiben konnte, blieb aber noch lange Zeit erfolglos. Der gewaltige Aufbruch ins *Substanz-Zeitalter* gelang erst ab etwa 1800. Jetzt schaffte man es, aus den grünen oder getrockneten Blättern, den braunen Wurzeln, die aus hunderten chemischen Verbindungen bestehen, einzelne Präparate oder reine Substanzen sogar kristallisiert zu isolieren. Es war faszinierend, die Wirkungen der reinen Kristalle zu erproben, zuerst im Tierversuch, an Fröschen oder Mäusen, dann im Selbstversuch.

Das 19. Jahrhundert brachte eine rasante Entwicklung von Chemie und Pharmakologie. Die Isolierung pflanzlicher Wirksubstanzen, die Verbesserung ihrer therapeutischen Eigenschaften durch chemisch-synthetische Methoden im Labor und schließlich die Herstellung synthetischer Arzneistoffe nach dem Vorbild natürlicher Pflanzenstoffe schien die Nutzung der alten Heilpflanzen in mystische Vorzeit zurückzuschleudern und die naturheilkundlichen Kenntnisse ganz zu verdrängen. Erst im Zuge einer Medizinkritik im 20. Jahrhundert begann man das überlieferte Wissen um die Kräuter und Pflanzen langsam wieder hervorzuholen und es vom Geruch des Hokuspokus zu befreien. In der Zwischenzeit wurden das Wissen und die Kenntnis um die Kräuter vor allem in den Klöstern aber auch als volksmedizinisches Wissen bei Leuten auf dem Lande tradiert, wenn oft auch unter vorgehaltener Hand. Beständig war die volkskundliche Volksmedizin seit ihrem Bestehen mehr oder weniger bemüht, stets das eine oder andere für nachkommende Generationen zu konservieren. Die Volkskundler stießen dabei wiederholt auf die Meinung, Gott habe jedem Kraut eine besondere Kraft inne sein lassen, der Mensch müsse diese nur für sich entdecken. Die starke Bindung zwischen Pflanzen und göttlicher Kraft die die Menschen oft bis Heute zu sehen vermeinen, ist, so zeigt die Tradition, augenfällig. Um die eigentliche Heil- und Schutzfunktion des Krauts zu erreichen, ist es dazu notwendig, diese an geheiligten Tagen zu ernten. Gründonnerstag, Karfreitag, der Frauendreißiger, Johanni, Maria Himmelfahrt, Fronleichnam wären solche Tage. Der bayerische Botaniker, Max Höfler, aus Bad Tölz, schrieb 1912 in der Zeitschrift für Österreichische Volkskunde, den *Schatz an Heilkräutern verdankt das deutsche Volk nur den christlichen Klöstern, namentlich aber den Benediktinermönchen in der Zeit Karls des Großen*. Der kluge Max Höfler war es auch, der nicht müde wurde darauf hinzuweisen, dass die Bedeutung von Heilpflanzen keineswegs in so enger Verbindung zum germanischen Heidentum zu sehen sei. *Die meisten unserer deutschen Marienblumen heißen auch im viel früher christlichen Frankreich Herbe St. Mariae oder Herbe Notre Dame, ein Beweis dafür, daß diese Pflanzennamen nur Beziehung zur Zeit des christlichen Marienkultus, nicht aber zu dem Namen einer germanische Göttin haben*.

An dieser Stelle gilt es zu betonen, wir halten uns an die volkstümlich, volkskundliche Tradition und Erzählung, die eine wundersame Mischung aus Glauben und durch die Natur gewonnenes Erfahrungswissen bei den Menschen bezeugt, im Ritus dem Glauben jedoch immer den höheren Stellenwert beimaß. Das Wissen über die Heilkräuter und die Heiligkeit der Kräuter stehen in engem Zusammenhang. Beide sind Ausdruck eines metaphysischen Bedürfnisses des Menschen in seiner schicksalhaften

RITA TICHA.

Umgebung. Die heiligen Legenden wiederum dienen mit ihrer poetischen Kraft der Erzählung eines erbaulichen Lebensstils.

Hoffnungen und Wünsche auf allgemeine Heilung für Mensch, Tier und Hof werden wundersam zwischen Kräuterbuschen, Kräuterschnäpsen und Kräutertees aufgehoben. Schön anzuschauen sind die Blumen, beim Sammeln hält man sich an die Brauchuhr, die das Individuum in einen verlässlichen Rhythmus einbettet. Auf diese Weise werden Unrast wie diffuse Ängste vor Naturgewalten aller Art durch die Heiligkeit des Ritus gemildert. Ob Maiglöckchen, Primel, Veilchen, Frauenmantel und wie sie alle heißen mögen, sie alle haben neben ihrer medizinischen Bedeutung einen hohen metaphorischen und allegorischen Stellenwert. Betreten Sie mit uns die Orte des Mysteriums, dort wo Natur und Kultur aufeinander treffen, Bekenntnis zwischen Glauben und Wissen changiert. Bedenken Sie dabei, dass manche Pflanzen in ihrem Wert durch die moderne Forschungen bestätigt werden, andererseits man allzu optimistische Hoffnungen tatsächlich nur dem guten Glauben überlassen werden können.

Marien- und Frauenkräuter

In der Vergangenheit war der Mensch wiederkehrend in der verzweifelten Lage, sich den Naturgewalten ausgesetzt zu wissen. Glauben allein schien da nicht jedem in jeder Situation ausreichend genug gewesen zu sein. In den gar ausweglosen Situationen ersann er sich daher Mittel zur Linderung, so weit dies selbst möglich war. Mittel, die Hoffnung offen ließen und unmittelbar, oft nur für einen kurzen Moment, Labsal brachten.

Die heilige Maria verstand man als Trösterin, die heilige Anna bis ins 18. Jahrhundert hinein als große Fürbitterin in Frauenfragen wie generell als Fürsprecherin im Himmel. Viele weitere Heilige suchte sich der Mensch zum Schutz seines kläglichen Daseins. Mit den heiligen Tröstern verband er nicht selten, gerade im bäuerlichen Milieu, auch bestimmte Dinge und Fähigkeiten der Natur, weil er die Natur als geheiligtes Element, dem er schicksalhaft ausgesetzt ist, erfühlte. Die Königskerze/Verbascum oder der ihr ähnelnde Odermennig/Agrimonia fanden auf diese Weise Eingang ins Volksleben. Mancherorts auch Himmerlbrand, Frauenkerze oder Marienkerze genannt, deutet die Bezeichnung bereits eine gewisse Verwendung an. Vermutlich, weil sie hoch gewachsen

Agrimonia/Odermennig

in den Himmel hinaufragt, kam sie zu diesem Namen. Ob ihres hohen Wachstums tauchte man sie ehemals in Pech, damit sie als Fackel das Dunkel der Nacht überwinden half. Die Himmelsnähe auf die sie hinweist, schrieb ihr bei den einfachen Geistern neben himmlischer Bedeutsamkeit auch Schutz gegen Blitzschlag zu. Daher gehört sie in den am höchsten Marienfeiertag (15. August) geweihten Kräuterbuschen, den die Bäuerinnen binden und zum Segnen in die Kirche bringen, damit er für den Rest des Jahres Haus und Hof schützt. Die Niederösterreicher wussten zur Königskerze gar einen Segen: *Unsere Liebe Frau geht über Land, hat den Himmelbrand in der Hand*, hieß es dort Marien verehrend. Im Oberösterreichischen hingegen räucherte man an Johanni (24. Juni) mit einer vor Sonnenaufgang gepflückten Königskerze im Stall das Vieh gegen allerlei Krankheit aus. Von dort wussten die Volkskundler früher auch zu berichten, auf wessen Grabe eine Königskerze wachse, der darbe im Fegefeuer und bitte um ein Gebet oder sei zu Lebzeiten eine Wallfahrt schuldig geblieben.

Weniger gottgeweihte Würde widerfuhr der Pflanze in ihrer Nutzung als wilder Tabak, den man in die Pfeife stopfte und allenfalls genüsslich rauchte. Eine gesündere Anwendung finden die Blätter, frisch im Garten geerntet, in Backteig zubereitet, allerdings nur dann, wenn man sie nicht – wie leider auch schon geschehen – mit den ähnlich aussehenden, giftigen Blättern des Roten Fingerhutes verwechselt!

Verbascum/Königskerze

Medizinisch wurden früher neben dem blühenden Kraut auch die Samen und vor allem die Wurzel verwendet, etwa bei Leonhart Fuchs im „New Kreüterbuch“ (Basel 1543): *Die wurtzel von den Wullkreütern [...] in wasser gesotten und getruncken/bekompt sie wol den gebrochnen /unnd denen so ettwas im leib zerrissen oder zerknütschet ist. Item dem langwirigen husten*. Wurzel und Kraut spielen interessanterweise heute in der Volksmedizin kaum mehr eine Rolle, sehr wohl aber die von Flavonoiden und Carotinoiden wunderschön goldgelb gefärbten Blüten unserer einheimischen Königskerzen-Arten. Jede Pflanze bildet dutzende Blüten, täglich am Morgen blühen neue frisch, strahlend auf. Sie entziehen sich der maschinellen Ernte, wollen liebevoll einzeln von Hand gepflückt und anschließend rasch und schonend getrocknet werden, damit sie sich nicht braun verfärben. Selten werden sie dann in der Volksmedizin zu Salben verarbeitet, die man bei Verbrennungen und zur Wundbehandlung empfiehlt. Am häufigsten nimmt man die Blüten natürlich zur Teebereitung: sie geben für sich allein schon einen angenehm schmeckenden, auch für Kinder gut geeigneten Hustentee. Wegen ihres hübschen Aussehens werden sie aber hauptsächlich in Teemischungen gerne verwendet – nicht nur als *Schönungsmittel* oder *Schmuckdroge*, denn die alten Erfahrungen, die *Wollblumen* bei Husten und Katarrhen zu nützen, sind inzwischen durch moderne Untersuchungen bestätigt, und die Hustenreiz lindernde, auswurffördernde und entzündungshemmende

Wirkung lässt sich durch den Gehalt an verschiedenen Substanzen (Schleime, Saponine, Iridoide), deren komplizierte chemische Struktur man aufklären konnte, gut erklären. Kein Wunder also, wenn die Königskerzenblüten auch im neuesten Europäischen Arzneibuch als Verbasci flos (geerntet von Verbascum thapsus – Kleinblüten-Königskerze, Verbascum densiflorum – Großblüten-Königskerze und Verbascum phlomoides – Windlicht-Königskerze) enthalten sind. Die Unterscheidung einzelner, ähnlicher Arten ist für die Anwendung der Blüten nicht so bedeutsam. Zudem ist sie nicht immer ganz einfach, weil manche Arten miteinander kreuzbar sind, und dann bei den entstehenden Hybriden/Bastarden die Einzelmerkmale nicht so deutlich ausgeprägt oder Merkmale beider Elternteile zu sehen sind. Nicht nur in der Volksmedizin, sondern auch in der modernen Phytotherapie werden Königskerzenblüten gerne und mit Erfolg angewendet.

In der bildenden Kunst finden wir das hoch aufragende Grün in einem Bild von Albrecht Altdorfer von 1526, es ist in der Münchner Pinakothek zu sehen, zur biblischen Episode der treuen Susanne im Bade abgebildet. Die schöne begehrte Susanne steht in ihrem Garten und trägt zum Zeichen ihrer Unschuld eine weiße Lilie in der linken Hand. Rechts hält sie am herunterhängenden Arm ein Wassergefäß. Die Lilie in der Hand der frommen Frau liegt auf Beckenhöhe und im Blick des Betrachters auf gleicher Höhe mit der Königskerze. So, als wollte der Künstler uns mit Hilfe der Königskerze an die aufrechte moralische Haltung der Susanna erinnern.

Die weiße Lilie als Zitat der Reinheit verweist auf die marianische Makellosigkeit, die in dieser Bildsymbolik doppelt zum Ausdruck kommt: Durch die Lilie und die aufrecht in den Himmel weisende Königskerze.

Eine ähnliche Funktion, Keuschheit und Natürlichkeit zu vermitteln, hat das Maiglöckchen/Convallaria majalis. Das reine, weiße Maiglöckchen! Es gehört mit zu den Frühlingsboten. Ohne Zweifel ist es ebenso eine Marienblume, blüht sie darüber hinaus auch noch häufigenorts im Marienmonat Mai. Maienblum, Marienblum, Marientränen aber auch Nießblum und Tabaksblum wird sie gerufen. Ihre Verbreitung ist groß, es gibt sie, mit Ausnahmen, nahezu in ganz Europa. Diese dichte Verbreitung sichert einen hohen Erzählstand über die Blume. Im Finnischen nennt man sie auch Jungfrau-Maria-Bettgras, wohl weil sie sich unbeirrt aller Wetter dicht wie Gras verbreiten. Ihre weißen Blüten erinnern an die reine, weiße Farbe der Lilien, was auch schon Grund schien, sie als kleine Lilie zu bezeichnen. Die Liste der Namen des Maiglöckchens ist lang und bereits die Grimmsche Mythologie weiß zu berichten, dass man Maiglöckchen vor Sonnenaufgang pflücken solle. Diese von Tau bedeckten Blumen ins Gesicht geschmiert, helfe Sommersprossen los zu werden. Ludwig Uhland dichtet der Mutter Jesu an, sie würde ihr Gesicht und ihr goldenes Haar mit dem Tau der Maienglöckchen waschen, vielleicht ob ihrer Schönheit wegen?

Ähnlich wie im Falle der Königskerze wird auch das Maiglöckchen ganz unheilig genutzt. Eine sehr prosaische Art ist die Verwendung als Niespulver: Im sächsischen Ort Schneeberg wurde grüner (mit Engelwurz) und weißer *Schneeberger Schnupftabak* produziert. Die weiße Sorte enthielt, neben anderen Pflanzenpulvern, die getrockneten, pulverisierten Maiglöckchenblüten. Die Reizung der Nasenschleimhäute führte zu befreiendem Niesen, das den Schnupfen mildern sollte. *Niesen reinigt das Gehirn von Bösem, schärft den Verstand* wie schon Plinius zu berichten wußte.

In Mitteleuropa versuchte man schon sehr früh, ab 1500, die Wirkungen der Pflanze auszunützen. Das *Meyenblümleinwasser* wurde gegen Gift und Ohnmacht und zur Stärkung von Herz, Sinn und Hirn eingenommen. Lonicerus preist in seinem *Kreuterbuch* bereits 1564 Maiblumenwein als *besser denn Gold*. Und bei Leonhart Fuchs (1543) heißt es unter anderm: *die wurtzel gesotten [...] vertreibt das zanwee*, weiter heißt es: *Der safft aus den blumen ist krefftig zu stercken das hertz [...]* Diese Anwendung als Herzmittel hat sich tatsächlich von all den vielen anderen, zum Teil kuriosen Praktiken, als die bedeutsamste erwiesen. Auf der Suche nach den Wirksubstanzen war man in Basel, Bonn und besonders in Wien in den 1960er Jahren erfolgreich: über 30 chemisch sehr ähnliche herzwirksame Glykoside vom Cardenolidtyp, die den Digitalis-Wirkstoffen nahe verwandt sind, wurden gefunden. Darunter Substanzen, die schon in kleinster

Convallaria/
Maiglöckchen

Menge die stärkste bekannte Herzwirkung überhaupt zeigen. Bis heute erzielen Ärzte mit genau dosierten Extrakt-Präparaten aus Maiglöckchenkraut, eventuell auch kombiniert mit Weißdorn, gute Erfolge bei älteren Patienten mit leichter Herzschwäche – gern auch *Altersherz* genannt. Doch Vorsicht: Bei aller Schönheit und trotz seines betörenden Duftes taugt das Maiglöckchen nicht zur Selbstbehandlung. Es ist ein Kraut, dessen Verwendung ausschließlich vom Arzt vorgenommen werden sollte. Vor allem für das Maiglöckchen und seine Wirksubstanzen trifft das griechische Wort *pharmakon*, das ursprünglich Gift, aber auch Gegengift und damit Arzneimittel bezeichnete, ganz besonders zu. In hoher Menge eingenommen führen die Wirksubstanzen des Maiglöckchens zu Herzstörungen, im Extremfall zum Herzstillstand. Vergiftungen durch Maiglöckchen kommen glücklicherweise selten vor. Möglich wären sie z.B. beim Sammeln von Bärlauch. Berichte, wonach schon das Trinken von Wasser, in dem Maiglöckchen eingewässert waren, zum Tod führte, ließen sich bisher nicht belegen. Die Maiglöckchen geben ihre kostbaren Substanzen kaum in das Wasser der Vase ab. Nur das Angreifen des hübschen Maiglöckchens ist ebenfalls nicht gefährlich. Das Maiglöckchen gehörte neben der roten Nelke und Kastanienlaub zum schönen ersten Grün, das die Österreichischen Arbeiter bei ihrer ersten Maikundgebung im Jahre 1890 mit sich trugen.

Die Marien bezogenen Pflanzen werden in der Volksmedizin selbstredend als Mittel gegen Frauenleiden oder gegen Unheil, das Haus und Hof bedroht, eingesetzt. Viele Pflanzen erhalten daher ihre eigentliche Weihekraft in der Zeit der marianischen heiligen Tage. Heute kaum mehr bekannt, jedoch einst von Bedeutung war der so genannte Frauendreißiger. Das ist jene Zeit zwischen dem Tod und der Himmelfahrt Mariens, am 15. August, und Maria Geburt, am 8. September. Nicht in den Kräuterbuschen, gleichwohl zu den Marienpflanzen gehört als ein weiteres Frauenkraut der *Frauenmantel/Alchemilla vulgaris*. Er erinnert wegen seiner gefächerten Blätter, seiner weit auslandenden Geste an den Schutzmantel der Madonna. *Liebfrauen, Fraumantel, Muttergottesmäntel, Mariamantala, Muttergottesgras, Weiberkittel* usf. sind nur einige der unzähligen Namen dieser so weiblichen Pflanze. Da verwundert es kaum in Zusammenhang mit dem Frauenmantel auf besondere Rezepturen gegen Frauenleiden zu stoßen: Das Löschwasser der Schmiede, in dem diese ihre heißen Eisen darin abkühlten, sollte man zusammen mit Frauenmantel sieden, und die *heymlichen Oerter* der Frauen damit waschen, wie es eleusinisch hieß. Zwar wäre es auch für botanisch nicht gebildete Menschen kein Problem, für dieses Rezept den sehr charakteristisch aussehenden Frauenmantel bei uns zu sammeln, aber die Schmiede, und damit das Löschwasser, sind inzwischen doch schon sehr selten geworden. So stellt man aus alter Erfahrung durch die Volksheilkunde nach wie vor aus dem getrockneten Kraut ganz einfach einen Tee-Aufguss her, der bei Regelschmerzen und klimakterischen Beschwerden gute Dienste leistet.

Die wissenschaftliche Erforschung der Substanzen des *Alchimistenkrautes* ist noch nicht weit gediehen. Die in ihm enthaltenen Gerbstoffe geben zwar eine Erklärung für die Anwendung bei leichten Durchfallerkrankungen, möglicherweise haben die Inhaltsstoffe aber noch andere, bisher nicht nachgewiesene hormonähnliche Wirkungen, wie man sie inzwischen für die im Weidenröschen enthaltenen Gerbstoffe nachgewiesen hat. Hier bietet sich ein spannendes Feld für chemische und pharmakologische Untersuchungen. Aber welchen Frauenmantel untersucht man? Die volkstümliche Unterscheidung in den angeblich wirkungsvolleren, jedenfalls teureren *Silbermantel* und den gewöhnlichen *Frauenmantel* genügt den Taxonomen und *Nomenklatoren* unter den Botanikern nicht. Sie benennen immerhin bei uns etwa 80 Arten, in ganz Europa ca. 300 Arten mit unterschiedlichen Namen. Sie sprechen von einer *taxonomisch äußerst schwierigen, teils noch nicht ausreichend erforschten Gattung*, von der man auch bei uns noch neue Arten finden dürfte.

Der Frauenmantel steht wegen seiner Fähigkeit Frauenkrankheiten zu lindern, darüber hinaus im Ruf schönheitsfördernd zu wirken. Da sich in ihm am Morgen die Tautropfen so wundersam zeigen, bewirkt er einen zauberhaften Charme, von diesem diamantenen Glitzern vermutlich hoffte so manche Frau etwas auf den eigenen Leib übertragen zu bekommen. Vielleicht findet man auch für diese Hoffnung dereinst

Alchemilla/Frauenmantel

noch eine Erklärung; schließlich hat sich ja schon längst gezeigt, dass die Quecksilber ähnlichen Tropfen am Blattgrund nicht zur Goldherstellung taugen. Nicht umsonst sagt man Alchemilla, Alchimistenkraut dazu und weiss, dass sie nicht nur aus Morgentau bestehen, sondern aktiv von der Pflanze als Tropfen, lat. gutta, an den Blattspitzen ausgeschieden werden – das ist dann die so genannte Guttation.

Gaben für arme Seelen: die Erdbeere

Eine weitere hierzulande beheimatete und in der Kunstgeschichte Maria beigestellte Pflanze ist die Erdbeere/Fragaria. Sie ist eine hübsch anzusehende und schmackhafte Frucht, die Kinderherzen schnell zu Freude verhilft. Fällt den böhmischen Kinder beim Erdbeerpflücken ein Beerlein zu Boden, sollen sie es liegen lassen. Diese Gabe sei für die armen Seelen. Im schweizerischen Volksglauben sei diese Frucht gesund für die Männer, für die Weiber hingegen nicht. Letzteres hat vermutlich einen Zusammenhang zur Anschaung im Nordböhmischen und Schlesischen, wo eine Frau, deren Kind verstorben sei nicht vor Johanni, am 24. Juni, wieder Erdbeeren essen solle. Die Gottesmutter gehe nämlich an Johanni mit den verstorbenen Kinderseelen in die

Fragaria/Erdbeere

Erdbeeren. Jenes Kind, dessen Mutter sich nicht an diese Regel hält, bekommt dann keine Erdbeeren. Die Steirer erzählen sich weniger rührende Geschichten. Sie sehen vor allem den Nutzen der Pflanze, demnach wer Erdbeerblätter isst, gegen Bleichsucht immun werde. Hier begegnen wir dem weit verbreiteten Glauben der *Signaturenlehre* des similia similibus, der besagt einen Zusammenhang zwischen Aussehen der Pflanze und Krankheitstypik.

Ein anderer bayerischer Botaniker als der schon genannte Max Höfler und gleichermaßen Experte in Sachen botanischer Volkskultur, Heinrich Marzell, weiß von einer Legende aus dem Schwäbischen zu berichten, dernach Christus als irdischer Wanderer einer Frau beim Erdbeerpflücken mit einem Korb begegnet sei. Auf seine Frage an die Frau, was denn im Körbchen sei, entgegnete diese keck und unhöflich *nichts*. Christus beschloss daraufhin für sich, dass dies denn auch so sein solle. Die Frau fand bei späterem Nachsehen tatsächlich nichts im Körbchen.

In der christlichen Kunst finden wir von einem oberrheinischen Meister um 1420 gemalt, die so genannte Erdbeermadonna. Abgebildet ist eine hübsche, junge, rotblau gekleidete Muttergottes wie sie glücklich mit ihrem Kinde in einem geschlossenen Garten hockt. Im Hintergrund leuchten reife wie blühende Erdbeeren sowie weiß blühende Rosen. Zu Füßen von Maria sitzt das Büblein inmitten eines Meeres von Maiglöckchen. Die süße Frucht der Erdbeere überträgt in diesem Moment etwas von der Zuneigung und Liebe der Maria als Mutter. Die rote Erdbeere steht in Oppostion zur sinnbildlichen Reinheit der Maiglöckchen, ihr Rot ist das Rot der Liebe wie Herzenswärme.

Sehr früh schon versuchte man die Erdbeere auch zu Heilzwecken zu nützen. Leonhart Fuchs beschreibt im *New Kreüterbuch* 1543 unter *Krafft vnd würckung: Das Erdtbeerkraut zerstossen und übergelegt/heylet die wunden [...] bekrefftiget vnd befestiget das zanfleysch/heylet die mundfeule/unnd vertreibt den bösen geschmack des munds*. Ähnliche Anwendungen, z.B. als Gurgelmittel und zur Mundhygiene, bei Durchfällen, besonders von Kindern, sind in der Erfahrungsheilkunde üblich; man versucht sie durch die Wirkung phenolischer Substanzen plausibel zu erklären. Erdbeerblätter sind reich an Gerbstoffen, die eine adstringierende und, als Oligomere Procyanidine (OPC), die heute als so wichtig gepriesene antioxidative Wirkung besitzen. Die Indikationen, bei denen Erdbeerblätter auch heute noch in der österreichischen Volksmedizin angewendet werden, reichen von Harnwegs-, Magen-Darm-, Atemwegs- und Lebererkrankungen bis zu Augen- und Venenbeschwerden, sogar zur Blutreinigung werden sie eingesetzt. Sie sehen, die Erdbeere deckt ein wahrhaft beeindruckendes Feld ab. Das lässt freilich den Schluss zu, dass keine dominierenden Substanzen mit einseitig ausgeprägter, spezifischer pharmakologischer Wirkung vorliegen, und damit erklärt sich wohl auch, dass Erdbeerblätter in erster Linie für einen *gesunden*, wohlschmeckenden Haustee verwendet werden. Statt des coffeinhältigen, und Coffein ist dasselbe wie Thein, Schwarzen bzw. Grünen Tees sind Mischungen mit Himbeer- und Brombeerblättern, selbst fermentiert, nach Belieben mit verschiedenen Zusätzen wie Lindenblüten oder Waldmeister angereichert, besonders beliebt.

Auch die erwähnte Erdbeere selbst, ihr prächtiges Rot bekommt sie durch Anthocyane, ist botanisch eine Scheinfrucht, die kleinen Nüsschen sind die eigentlichen Früchte, wird seit langem geschätzt. So liest man, dass Carl von Linné seine Gichtanfälle erfolgreich mit Erdbeerkuren behandelt hat. Pfarrer Kneipp empfiehlt Erdbeeren zur allgemeinen Kräftigung in der Rekonvaleszenz, aber auch bei Harngrieß und Steinleiden. Volksmedizinisch werden sie bei Herzbeschwerden, Leber- und Gallenleiden, Nervenschwäche und Frauenschmerzen eingesetzt. Hierzulande aber bevorzugt zur äußerlichen Anwendung zerquetscht aufgelegt, helfen sie gegen Frostbeulen und zur Wund- und Narbenbehandlung. Die chemische Analyse kann bis jetzt keine potenten Wirksubstanzen bieten; sie zeigt u.a. einen Gehalt an Vitaminen, besonders Vitamin C, Kohlenhydraten (Zucker), Eiweiß und Mineralsalzen, vor allem Kalium, organischen Säuren und Flavonoiden. Der spezielle, verführerische Erdbeergeruch rührt von einer luxuriösen Zusammensetzung: mehr als 300 unterschiedliche Substanzen sind im so genannten flüchtigen Anteil enthalten. Warum wohl synthetisiert die Pflanze so viele, verschiedene Substanzen? Nur um uns mit ihrem feinen Duft zu erfreuen? Eine Antwort darauf haben wir nicht. Damit wir nicht übermütig werden: manche Menschen müssen sich den Genuss von Erdbeeren versagen, sie wissen, dass sie darauf sehr empfindlich, zum Beispiel mit Hautausschlägen, reagieren. Sie meiden dann besser auch den Tee aus Erdbeerblättern.

Gänseblümchen: Tränen der Muttergottes

Das *Bellis/Gänseblümchen* findet man auch in der so schmackhaften Annaberger Annasuppe, die aus Anlass der Wiederbelebung der Annawallfahrt im Jahre 2007 von Toni Mörwald kreiert wurde.

Seit dem ausgehenden 15. Jahrhundert symbolisiert es in der Kunstgeschichte die Unschuld. Wahrscheinlich, weil es so lieblich und zart anzusehen ist. Im Volksglauben begegnet es uns unter den Namen *Marienblümchen, Maßliebchen, Muttergottesblimla, Rockerl* und vielen weiteren Namen. Im einstigen Tirol erzählten sich die Leute, das Marienblümchen sei aus den Tränen, die Maria auf der Flucht nach Ägypten vergossen habe enstanden.

In der Volksmedizin hilft die Blume von Kopf bis Fuß: sie wird gegen Zahnschmerzen genauso wie gegen *Stockungen im Unterleib* empfohlen. Seine Heilkraft ist also groß. So groß, dass es den Menschen von allerlei Fieber frei zu halten vermag. In die besondere Kraft des Gänseblümchens kommt allerdings nur, wer es vermeidet dieses zarte Pflänzchen mit den Händen zu berühren. Nicht selten wird daher empfohlen, den Blümchen die Köpfchen abzubeißen oder sie mit Handschuhen zu pflücken. Dieses Wissen blieb offenbar modernen Naturwissenschaftlern bis heute verborgen, unsensibel ernteten, trockneten und extrahierten sie Gänseblümchen wie andere Pflanzen auch, um dessen Wirksubstanzen aufzuspüren. Mit einigem Erfolg. Stoffe wie Triterpensaponine komplizierter Struktur mit antibakterieller Wirkung, Flavonoide, organische Säuren und Polyine waren bisher die Ausbeute. Damit lassen sich die vielfältigen Wirkungen, die man in der Volksmedizin anpreist, zumindest teilweise erklären. Unerwünschte Wirkungen sind nicht bekannt, es spricht also nichts gegen eine Anwendung der frischen Pflanzen als Presssaft oder der getrockneten in Tees bei Husten, unreiner Haut oder zu Frühjahrskuren zur Entschlackung und Blutreinigung.

In Deutschlands Gegenden war es in der Vergangenheit üblich, an Johanni (24. Juni) mittags um 12 Uhr jene Gänseblümchen auszugraben, die gegen die Pest schützen sollten. Die zu diesem Zeitpunkt gesammelten Blümchen wären auch glückliche Begleiter bei wichtigen Gängen, sie würden dem Vorhaben zum Erfolg verhelfen.

Bellis/Gänseblümchen

Das Gänseblümchen mit Gänsen in Verbindung zu bringen gab es tatsächlich auch. In Niederbayern beispielsweise solle man keine Gänseblümchen in den Gänsestall bringen, das würde den Gänsen den Tod bringen.

Rezept Annasuppe:
Zutaten: Löwenzahn, Gänseblümchen, Frauenmantel (evt. Giersch). Honig, klaren Schnaps, Fleischsuppe, 1 Prise Backpulver, Rahm, Kartoffeln, Salz und Pfeffer.
Schneiden sie eine Zwiebel in große Stücke und dünsten sie diese in Honig an. Dann gießen sie mit klarem Schnaps auf, und anschließend die bereits vorbereite Fleischsuppe dazu. Die frisch gepflückten Kräuter – ungefähr eine Hand voll – fügen sie bei. Gleich unmittelbar danach geben sie die Prise Backpulver dazu, um das grün der Kräuter zu erhalten. Nach Belieben können sie mit Rahm aufgießen. Die Kartoffeln braten sie kross mit ein paar wenigen Blättern der Kräuter in Schweineschmalz an und legen sie in einen Teller. Gießen sie die Suppe hinzu. Wenn sie die Suppe pürieren, werden sie die Erfahrung machen, daß sie im Charakter zwei verschiedene Suppen essen.
Den Giersch verwenden sie nur, um „Gemüse" zu machen. Er hat keine symbolisch-ikonographische Bedeutung.

Strahlkraft Mariens und Leiden Christi

Sind uns Königskerze, Maiglöckchen und Frauenmantel, die Erdbeere und das Gänseblümchen als Marienblumen bekannt gemacht, erinnert der *Löwenzahn/Taraxacum* in vergangenen Zeiten sowohl an die Strahlkraft der Gottesmutter und auch an die Passion Christi. Die Deutungen jedenfalls variieren. Einmal glaubt man sein leuchtendes Köpfchen spiegele die himmlische Glaubenskraft wider und es erinnere an die Symbolkraft des Löwen. Eine andere Erzählung gibt an, er sei auf dem Grabe Christi gewachsen. Der Löwenzahn spielt im natürlichen Kreislauf des Menschen, hier vor allem bei Kindern, auf dem Lande eine gewisse Rolle.

Allein in der Schweiz kannte man einst 150 Namen für den Löwenzahn. *Butter- oder Kettenblume* wurde sie gerufen. Er war das *Warzenkraut*, weil seine Milch auf Warzen getröpfelt die Hoffnung wach rief, sie würden damit verbrannt. Die Milch, die aus dem Stängel schießt hülfe gegen Warzen, man müsse sie bloß bei abnehmendem Mond draufgeben. In der Volksmedizin wurde, wie häufig nach dem Prinzip des similia similibus, wonach

Ähnliches mit Ähnlichem gebannt werden kann, der Löwenzahn auch als Mittel gegen Bettnässen (Fetzbluam) und zu allerlei harmlosen Weissagungen herangezogen.

Bereits Goethe berichtet über die Spiele der Erwachsenen und Kinder mit dem Löwenzahn. Man kam in den Himmel, wenn man es schaffte die wuscheligen Früchte auf einen Atemzug weg in den Himmel zu blasen.

Wohl jeder von uns hat schon als Kind seine Orakel mit dem pelzigen Fruchtstand getrieben – einen Gedanken haben, den man in Erfüllung wissen möchte und dann heftig den Pelz vom Stengel pusten. Schon verweht es den frommen Wunsch und wir geben uns der Hoffnung der Erfüllung für einen kurzen Augenblick hin. Kinder nutzten ihn, als es noch nicht selbstverständlich war, bereits im Volksschulalter eine Uhr zu besitzen, als Uhr am Handgelenk oder sie schlitzten die Stängel auf, gaben sie in Wasser und erfreuten sich an den zauberhaften Verschlängelungstaktiken des Grüns. Das sind harmlose Kinderspiele, solange nicht der Milchsaft aus den Stängeln gesaugt wird. Älteren Berichten zufolge kam es nämlich dadurch bei Kindern zu Übelkeit, Erbrechen und Durchfall, ja sogar zu Herzrhythmusstörungen. Irgendwie scheint dies ein *Taraxacum-Paradoxon* zu sein, ist doch mancherorts der Röhrlsalat aus frischem Löwenzahn ein geschätztes, als *gesund* prononciertes Wildgemüse, das gern und ohne Probleme verzehrt wird.

Volksmedizinische Anwendung fand der Löwenzahn überall dort wo er wuchs, das ist bis in den hohen Norden Europas hinauf. Man brühte ihn mit anderen Kräutern auf, mischte ihn mit Melissen oder mit Zimtwasser als Kur gegen Magenbeschwerden, Gicht, bei Problemen mit Milz und Leber, wegen seiner gelben Farbe gegen Gelbsucht und ähnlicher Leiden mehr. Auch heute noch werden alle Teile des Löwenzahns in der Volksmedizin gern verwendet: Wurzel, Blätter und Blüten, frisch als Presssaft, als Löwenzahnhonig, Löwenzahnsirup oder getrocknet zur Teebereitung. Wissenschaftlich belegt sind die gallentreibende, choleretische, diuretische, aquaretische, also wassertreibende und appetitanregende Wirkung, die auch in der Phytotherapie bei Störungen des Galleflusses, zur Durchspülungstherapie bei Harnwegsinfekten, aber auch bei Appetitlosigkeit, Völlegefühl und Blähungen genützt werden. Jedes Kind kennt irgendwie den Löwenzahn. Jedoch bei genauerem Betrachten mehrerer Pflanzen merkt man dann doch gewisse Unterschiede in der Blattform, beim Blattrand und beim Blütenkörbchen. Tatsächlich haben selbst Botaniker ihre Schwierigkeiten mit der Klassifikation: sie fassen eine große Zahl von Kleinarten *zum Taraxacum officinale Aggregat* oder zur *Sektion Wiesen-Löwenzahn* zusammen, weil die einzelen Sippen zum Teil noch nicht genau beschrieben sind. Aber auch den Naturstoffchemikern und Pharmakognosten hat der Löwenzahn schon viel Arbeit bereitet. Dutzende Substanzen wurden inzwischen aus den verschiedenen Pflanzenteilen isoliert: Bitterstoffe vom Sesquiterpentyp, Triterpene, Sterole, gelbe Farbstoffe (Flavonoide, Carotinoide), organische Säuren, Kaliumsalze, Cumarine, Inulin (nicht Insulin!) und andere. Weitere Komplikationen ergeben sich aus folgenden Aspekten. Die stoffliche Zusammensetzung ist unterschiedlich in Wurzel, Blatt und Blüte, manche Substanzen aus der frischen Pflanze verändern sich schon beim Trocknen in ihrer chemischen Struktur. Der Löwenzahn gibt also auch der modernen Wissenschaft noch viele Rätsel auf.

Gottvater, Sohn, heiliger Geist und ganz Irdisches

In der Dialektik des Mittelalters spielte bei den Theologen und Philosophen die Frage nach der Trinität, nach der Dreieinheit Gottes, eine große Rolle: damals suchte man vor allem den Beweis Gottes erbringen zu können und den Glauben in Einklang mit dem Verstand als logisch kritische Instanz herzustellen. Kluge Menschen hatten sich dazu allerlei Gedanken gemacht und sind trotz allem nicht wirklich zu einer befriedigenden Lösung gekommen. Die Vorstellung, die Dreieinigkeit Gottes, Vater, Sohn und der heilige Geist, wären auf irgendeine Weise sichtbar, hatte sich immerhin so weit ausgebildet und als Bedürfnis in die Seele der Menschen eingebrannt, dass man nach einem symbolhaften Ausdruck dieser gestrengen Heiligkeit bemüht war.

Das Kleeblatt und die Akelei eigneten sich ihrer äußeren Erscheinung wegen dazu ganz hervorragend. *Trifolium/Klee* zeigt uns ganz offensichtlich durch seine Form, welche symbolische Kraft dahinter stecken muss. Das Motiv war so einfach wie eindringlich, dass es sich bis in die Architektur hinein durchzog. Zahlreiche Kirchenfenster verweisen mit dieser Form auf die Dreieinigkeit aller Instanz für den Menschen. Als Klee werden gemeinhin viele Pflanzen mit dreizähligen Blättern bezeichnet, schon Leonhart Fuchs stellt 1543 fest: *[…]Klee aber nent man zu Teütsch alle die kreüter so drey bletter haben*. Allein für die Gattung *Trifolium* finden sich in unserem Gebiet an die 30 Arten, am ehesten fällt einem sicher der Wiesen- oder *Rot-Klee/Trifolium pratense* ein. Als Viehfutter seit langem geschätzt, war er in Kriegszeiten auch als Nahrungspflanze für den Menschen in Gebrauch. Medizinisch war er aber ohne Bedeutung, wie wieder bei Fuchs nachzulesen ist. *Seind in keinem brauch bey den Apoteckern/dan sie gern köstlich ding brauchen/die sie doch selten recht kennen. Aber man muß die und dergleichen mehr mengel mit der Zeit bessern und abstellen*, heißt es dort. Offenbar hat es schon immer, auch in den damaligen Apotheken, *köstlich ding* gegeben, deren *Krafft und würckung* nicht so sicher, also zweifelhaft war. Aber auch damals konnte man solche *Mängel* nicht sofort, sondern

Trifolium/Klee

nur mit der Zeit korrigieren. Leonhart Fuchs, Arzt und Kräuterkundige, konnte wohl nicht vorausahnen, dass gute 400 Jahre später Extrakte aus Rotklee zu den beliebtesten Präparaten bei Wechselbeschwerden zählen würden. Wirksubstanzen vom Typ der Isoflavone wurden im Rotklee gefunden und pharmakologisch schon sehr ausführlich untersucht. Die Wissenschaftler bezeichnen sie wegen ihrer hormonähnlichen Wirkungen als *Phytoöstrogene*. Auf Grund ihrer speziellen pharmakologischen Eigenschaften werden sie zungenbrecherisch auch *Pflanzliche Selektive Östrogenrezeptor-Modulatoren* – kurz *PhytoSERMS* genannt. Die Anwendung des Rotklee wird zur Zeit aber noch diskutiert, man ist also auch im medizinischen Bereich, ähnlich wie bei der Frage nach der Trinität, *noch nicht wirklich zu einer befriedigenden Lösung gekommen*.

Neben dem Kleeblatt war es ob des Aussehens ihrer Blätter auch die *Akelei/Aquilegia*, die mit Hilfe von Gottes Kraft den Menschen zur Gemahnung erinnert. Die drei Blattanordnungen pro Stängel verweisen auf die angesprochene wundersame göttliche Botschaft, die offenbar auch von der Hl. Hildegard verstanden wurde. Ihr verdankt man die Aufnahme der Akelei in den Katalog der mittelalterlichen Heilpflanzen. *Und der, in dem Skrofeln (Haut- und Lymphknotenerkrankung im Kindesalter) zu wachsen beginnen, der esse oft rohe Akelei, und die Skrofeln nehmen ab*. Samen, Wurzeln und Blätter der Akelei wurden später auch von den *Vätern der Botanik* Matthiolus, Bock, Lonicerus u.a. noch als Arznei

Aquilegia/Akelei

bei den verschiedensten Beschwerden gepriesen. Trotz ihrer Schönheit ist die Akelei später als Heilpflanze sowohl in der Schulmedizin, aber auch im Volk in Vergessenheit geraten.

Wohl nicht zu Unrecht, denn echte Wirksubstanzen wurden bei der chemischen Analyse bisher nicht gefunden, höchstens kleine Mengen Blausäureglykoside, die möglicherweise für die schwach Giftigkeit der Akelei verantwortlich sind. Vielleicht lautet die göttliche Botschaft für uns ganz trivial: *Nicht alles, was schön ist, muss auch nützlich sein*.

Zur symbolischen imitatio der Trinität war es vor allem der Klee, der mehr und mehr von seiner christlichen Bedeutung einbüßte und inzwischen vor allem mit Aberglauben allerlei Art verbunden ist. Einerseits schätzt man besonders den vierblättrigen Klee als Glücksbringer, wohl weil man ihn selten und nur mit scharfem Auge findet, anderseits wird der Klee zur Jahreswende übermäßig genutzt. Dazu greift man auf eine botanisch nicht verwandte Pflanze zurück. Der Sauerklee/Oxalis soll hier die Glückwünsche fürs Neue Jahr ausdrücken.

Was diese beiden Pflanzen können, kann auch die *Wald-Engelwurz/Angelica sylvestris*. Heute bezeichnet man sie auch als Wild-Engelwurz, denn silva ist zwar lateinisch der Wald,

Angelica/Engelwurz

silvestris oder sylvestris bedeutet aber nicht nur waldig, im Wald wachsend, sondern allgemein auch *wildwachsend*. Die Wald-Engelwurz hat schon einen himmlisch klingenden Namen, der darauf zurückgeführt wird, dass die heilkräftige Pflanze den Menschen von einem Engel gezeigt worden sein soll. Sie wurde in der Vergangenheit wohl manchmal mit *Angelica archangelica/Archangelica officinalis* verwechselt, die man in Österreich häufig in Gärten, selten aber wildwachsend antrifft. Ihr Aussehen ist ähnlich. Die Angelica sylvestris wird oft auch als *Wilde Angelika* bezeichnet. Aber man kannte sie auch als *Heiliggeistwurz*. Der volkserzählerischen Tradierung zufolge half sie gegen die todbringende Pest und Cholera. Selbst bei Leonhart Fuchs heißt es: *[...]so man sie nur in dem mund helt so bewart unnd behüt sie den menschen vor der pestilentz*. Weil sie bei dieser hoffnungslosen Krankheit so wundersam half, konnte sie folglich nur direkt vom heiligen Geiste mit dieser Kraft ausgestattet sein, weshalb wir sie in die Reihe so wundermächtiger Pflanzen stellen. Paracelsus schätzte den Angelicasaft als höchste Arznei gegen innere Infektionen, als Herzmittel und wirksam gegen Blähungen. In der heutigen Volksmedizin hierzulande spielt Angelica keine besondere Rolle. Die Wurzel wird noch gern als Magenmittel verwendet, gelegentlich auch bei Atemwegsbeschwerden. Daneben findet man eine Reihe weiterer Anwendungen, zum Beispiel bei nervöser Schlaflosigkeit, Herz-Kreislaufproblemen, Rheuma und Gicht oder als *Altweiberwurzel für Frauen, die schnell gealtert sind*. In der Phytotherapie hat Angelikawurzel ihren Platz als Teedroge zur Steigerung des Appetits, bei Verdauungsbeschwerden wie Völlegefühl, Blähungen oder Magen-Darmkrämpfen. Ihre Wirkung, aber auch ihren angenehmen Geruch verdankt die Angelikawurzel einer Vielzahl von Substanzen. Allein im ätherischen Öl hat man über 60 flüchtige Stoffe identifiziert. Wenn Sie auf einer Torte schmale grüne Stengelstücke der Angelika als Verzierung entdecken, genießen Sie den besonderen Geschmack und vergessen Sie nicht, an den Engel zu denken, der uns die Pflanze gezeigt hat.

Symbol der Demut

Was erinnert uns mehr an die Demut als das liebliche, zierliche, sich leicht verneigende *Veilchen/Viola* mit seinem betörenden Duft und seiner zarten Farbe. Diese Farbe verhalf dem anmutigen Geschöpf zu seiner Bedeutung. Das Leiden Christi und das königshafte der Farbe Purpur haben sich als Symbol für Trauer und als Ausdruck von Demut bis auf den heutigen Tag gehalten. An Ostern zeigt die Kirche ihre Trauer, indem sie einen Mantel aus Purpur, nicht zu verwechseln mit purpurrot oder kardinalsrot, über die sonst so schönen Dinge des Lebens legt.

Nirgendwo besser als im Motiv der Veilchenmadonna des mittelalterischen Malers Stefan Locher ist der symbolhafte Charakter des Veilchens so schön festgehalten. Es befindet sich in Köln und wird auf die Zeit Mitte 15. Jahrhundert datiert. Die bildhübsche Muttergottes hält in ihrer beringten linken Hand ein Veilchen. Es ist so zentral ins Bild gestellt, dass es sich auf der gleichen Höhe wie die Fingerlein des segnenden Kindleins befindet, das auf dem rechten Arm der Mutter hockt. Zum Zeichen der Ergebenheit vor der göttlichen Kraft des noch kleinen Jesusleins, neigt das Blümchen sein Köpfchen. Das Pflänzchen ist ein memento, eine Gemahnung an das Leiden Christi, eine Erinnerung zur Bescheidenheit und Demut als Tugend, die auch Schönheit nicht ausschließt.

Wenn man bei uns vom Veilchen spricht, meint man natürlich das wohlriechende *März-Veilchen, Viola odorata*, eine der rund zwei Dutzend bei uns vorkommendenViola-Arten. Nach der Rose ist sie wohl die meistbesungene Pflanze, sie war schon den Ärzten in der Antike bekannt. Unter anderem empfahl man damals, sich mit Veilchenkränzen gegen Kopfschmerzen infolge von Trunkenheit zu schützen. Später geriet das Veilchen eher in Vergessenheit. Erst von Pfarrer Kneipp wurde nicht nur die Lieblichkeit des Veilchens gepriesen, sondern vor allem die Heilkraft von Veilchentee und Veilchensirup bei Atemwegsbeschwerden. Die Verwendung der Blüten und des Krautes als Hustenmittel findet man bis heute in der Volksmedizin, aber kaum in der modernen Phytotherapie. Auch über Wirksubstanzen ist nicht allzu viel bekannt, da bleibt nur auf

Viola/Veilchen

die Lieblichkeit der Pflanze zurück zu greifen. *Ein Veilchen auf der Wiese stand, gebückt in sich und unbekannt, es war ein herzig´s Veilchen* heißt es bei Goethe.

Des Kindleins Heu

Die Legenden um Maria, zur heiligen Dreieinigkeit und zur Passion Christi fanden stets einen irgendwie gearteten sinnbildlichen Ausdruck in der natürlichen, ländlich bäuerlichen Welt, die den Menschen so oft mit Mühen, Angst und Schrecken erfüllte. Da die Geburt Christi das freudigste Ereignis in der Erzählung der katholischen Christenheit ist, kann man sich vorstellen, dass die Volksfrömmigkeit auch hier eine passende Erzählung gefunden hat. Die zahlreichen, der kulturellen Umgebung ausdruckshaft angepassten Krippen beispielsweise zeigen wie eingepasst die Legenden in den menschlichen Alltag sind. In den Niederlanden erzählte man sich dazu, Maria habe ihren frisch geborenen Sohn auf wohlriechendem *Dost/Origanum vulgare* gebettet.

Dieses manchmal nur vorsichtig lila blühende Kraut erinnert in seiner Farbe ein wenig an das Veilchen und an das christliche Leiden versinnbildlichende Purpur.

Origanum/Dost

In der heil- und volksmedizinischen Praxis nutzte man die Pflanze zur Geburtsbeschleunigung. In diesem Sinne gehört sie wohl auch zu den Frauenkräutern. Ihre mystische Bedeutung immerhin bekommt das Kraut im Volksglauben indem man sich erzählt, Dost vertreibe den Teufel und sämtliche Hexen. Mit solcher übermäßiger Kraft ausgestattet, nimmt es nicht Wunder zu wissen, das Kraut ist Teil des bereits mehrfach erwähnten Kräuterbuschen.

Zur Wiedereröffnung der Annawallfahrt in Annaberg hatte die Mutter Anna daher einen wohlriechenden Strauß Dost in der Hand. Vielleicht sollte er aber dort auch, wie schon von Hippokrates und Paracelsus empfohlen, als nervenstärkendes und nervenberuhigendes Mittel dienen? Schließlich werden hier nach altem Brauch der Hl. Anna Selbdritt die Bitten, Wünsche, Sorgen und Beschwerden von Hunderten Wallfahrern ins Ohr geflüstert. Voll Zuversicht und Wohlgemut verlassen die Pilger dann die Hl. Anna. *Wohlgemut* ist nicht umsonst eine Bezeichnung für den Dost, er ist eben ein richtiges Annakraut!

Der bei uns wild wachsende Dost wird in der Volksmedizin als Tee bei Husten und Bronchitis getrunken und ähnlich wie sein Bruder, der *Gartenmajoran/Origanum majorana*, als *Majoranbutter*, das ist eine Salbe, die mit Schweinschmalz hergestellt wird, kleinen Kindern bei Husten auf die Brust geschmiert. Der Tee aus Dost soll auch als Gurgelmittel gegen Heiserkeit und Halsweh wirken, der Grund ist möglicherweise die antibakterielle Wirkung des ätherischen Öles. Weil die Dost-Wirkungen wissenschaftlich nicht ausreichend belegt sind, sprechen ihm puristisch rationale Phytotherapeuten nur eine Berechtigung als Gewürz zu. Als solches verleiht er, wie Wildkräuterexperten feststellen, *durch sein herrliches Aroma den Speisen eine italienische Note*.

Christi Wundkraut

Das *Johanniskraut/Hypericum*, so besagt der Luxemburgische Volksglaube, trage seinen Namen vom heiligen Johannes dem Täufer. Johannes ist der Sohn von Zacharias und Elisabeth, der Base von Maria. Als der Engel bei Maria einkehrte und diese erfuhr, sie gehe mit einem Sohn schwanger, besuchte sie als erstes ihre Base Elisabeth, die zu diesem Zeitpunkt bereits mit Johannes schwanger war. In der Legende heißt es, Johannes hätte sich bei der Begegnung der beiden Frauen im Mutterleibe bewegt. Elisabeth begrüßte Maria mit folgenden Worten: *Woher geschieht mir dies, dass die Mutter meines Herrn zu mir kommt? Denn siehe, das Kind in mir hüpfte und grüßte dich* (Luk. 1.43f). Johannes und Jesus waren also seit ihren frühesten Tagen verbunden. Zahlreiche Darstellungen in der Kunstgeschichte zeigen Johannes zusammen mit Jesus als Kinder oder Johannes als Täufer Jesu. Johannes kam am 24. Juni, auf den Tag genau ein halbes Jahr vor Christi

Geburt, zur Welt. Er ist der einzige Heilige, dessen Geburtstag die Kirche feiert, sonst sind es stets die Märtyrertage, die zum Feiern ausgelobt sind. Wie bedeutend die Rolle des Johannes ist, kann man an den vielen Kräutern sehen, die in irgendeiner Weise auf den Johannistag hinführen: Der Himmelbrand, die Erdbeere, das Gänseblümchen. Der Johannistag war ehemals ein verlässliches, kalendarisch rituelles Datum.

Um die Heilkraft des goldgelb blühende Krauts wusste man schon früher Bescheid. Bereits die Griechen erkannten die Pflanze als heilsam und hängten sie angeblich über dem Hausaltar, griechisch hyper eikon bedeutet über den Ikonen, auf. Sie nannten sie auch Mannsblut wegen des blutroten Saftes, der durch Zerreiben der Blüten abgesondert wird. Auch in diesem Fall scheint die Signaturenlehre eine Rolle zu spielen. Das Johanniskraut wurde den Frauen bei Blutungsbeschwerden gereicht oder gegen blutende Wunden empfohlen. *Allein in der Hand gehalten* habe das Johanniskraut schon soviel Geist, dass es gegen Nasenbluten wirksam sei.

Die rote Absonderung mag ein Grund gewesen sein, das Johanniskraut zum Liebesorakel zu nutzen. Dazu zerquetschte man die Blüten in einem Taschentuch und hoffte folgendes Orakel erfüllt zu sehen: *Kommt rotes Blut, so ist die Liebe gut*. Die Erklärung des Naturwissenschaftlers wirkt ernüchternd: Die einzelnen Johanniskrautarten, bei uns sind es in etwa zehn, unterscheiden sich im Gehalt an roten Farbstoffen, den

Hypericum/Johanniskraut

Hypericinen. Dementsprechend kann die Antwort auf das Liebesorakel unterschiedlich ausfallen.

In der Volksmedizin werden die Blüten von *Hypericum perforatum Echt-Johanniskraut, Tüpfel-Hartheu* oder *Hypericum maculatum Flecken-, Vierkant-Johanniskraut* in Öl eingelegt und an die Sonne gestellt, bis das Öl schön blutrot gefärbt ist. Dieses *Rotöl* wird als Wundheilmittel, bei Verbrennungen, Sonnenbrand, Gelenksschmerzen, Rheuma, Muskelverspannungen eingerieben. Es ist mit Abstand das in der österreichischen Volksmedizin am häufigsten verwendete, meist selbst hergestellte Heilmittel. Neuere Studien können die genannten Anwendungen recht gut erklären, Untersuchungen der Wirksubstanzen zeigen aber, dass im Öl ein sehr komplexes Gemisch vieler Stoffe vorliegt, die den Pharmakognosten oder Chemikern noch viel weitere Forschungsarbeit bereiten werden.

Wo ist aber nun die Verbindung zum Stellenwert Johannes des Täufers oder Christus, mag man sich fragen. Antworten liefern uns folgende Legenden: Einmal soll das Blut des Johannes, als er auf Wunsch der schönen Salome im Auftrag des Königs enthauptet wurde, dort wo es hinfiel, das Johanniskraut hervorgebracht haben. Eine andere erzählt vom Blut Christi, das vom Kreuze tropfte, dabei sei dieses auf die lieblichen Blüten gefallen. Der Name *Christi Wundkraut* erklärt sich daher.

Johanni, der 24. Juni, war in ländlichen Gegenden bis ins 20. Jahrhundert hinein noch eine rituelles Kalendarium. Vor allem für die Landwirte. Mit Johanni, sagt man, hört die Spargelzeit auf und es beginnt die Kirschenzeit. Johanni ist Lostag, es finden sich zahlreiche, regional sehr unterschiedliche Bauernregeln dazu. *Vor Johanni bitt' um Regen, nachher kommt er ungelegen* oder *St. Johanni Regengüsse, verderben uns die schönsten Nüsse. Bis an Johanni wird gepflanzt, das dir merken kannst.* Johanni und Johanniskraut waren sichtlich geheiligte Momente im Leben der Menschen der Vergangenheit, Augenblicke, in denen sich Hoffnungen und Ängste in einem ungefähren Gleichgewicht zu halten vermochten.

Das psychische Gleichgewicht wiederherzustellen, das bei Menschen mit nervösen, besonders depressiven Störungen verloren gegangen ist, versucht man schon seit vielen Generationen mit Tees aus Hypericum-Kraut. Manche verwenden Johanniskraut-Tee auch wegen seines angenehmen Geschmackes und Duftes ganz einfach als Haustee, abwechselnd mit anderen Kräutertees. Den Artbeinamen *perforatum*, was übersetzt durchlöchert bedeutet, hat die Pflanze übrigens deshalb bekommen, weil die Blättchen beim Betrachten gegen das Licht durchscheinende Punkte zeigen. Ernste Wissenschaftler meinen, dass diese Punkte von kugeligen Exkretbehältern stammen, die stark lichtbrechende, fettartige Tropfen enthalten. Die Legende allerdings weiß zu berichten, dass sie ganz anderen Ursprungs sind. Der Teufel hat in einem Anfall von Zorn über die wunderbaren Heilkräfte des Johanniskrautes ganz wild mit einer Nadel auf die Blättchen der Pflanze eingestochen und alle durchlöchert, nichts ahnend welche Bedeutung die Pflanze mal haben würde.

Zur Herstellung von Extraktpräparaten wird Hypericum feldmäßig angebaut, maschinell geerntet, getrocknet und tonnenweise industriell nach standardisierten Verfahren zu modernen Arzneimitteln, z.B. Tabletten und Kapseln von höchster Qualität, verarbeitet. Viele klinische Studien haben inzwischen die gute Eignung von Johanniskraut-Präparaten zur Behandlung von leichten und mittelschweren Depressionen gezeigt. Verglichen mit synthetisch hergestellten Wirkstoffen, zeigen sie bei gleicher Wirksamkeit weniger unerwünschte Wirkungen. Johanniskraut bietet eines der besten Beispiele dafür, wie erfolgreich Arzneipflanzenforschung besonders dann sein kann, wenn sie sich um Pflanzen bemüht, die auch eine interessante Geschichte in der Volksmedizin aufweisen. Zur Zeit ist zwar einerseits die Anwendung bei den genannten Indikationen sehr gut belegt. Bedenkt man die Fülle von Substanzen, die inzwischen im Johanniskraut identifiziert wurden, wie viele Anwendungen aus volksmedizinischen Erfahrungen und wie viel Einzelwirkungen uns aus pharmakologischen Untersuchungen bekannt sind, so ist der Anwendungsbereich doch sehr eingeengt. Man kann also mit Spannung auf weitere neue Forschungsergebnisse über Hypericum und seine Substanzen warten, Ziemlich sicher wird sich der Teufel über das Herrgottsblut in Zukunft noch weiter sehr ärgern müssen.

Apostels Schlaf, des Himmel Schlüssel

Stellen sie sich vor, der rauschebärtige Petrus steht am Eingang des Himmelstores, leicht ermüdet, da jene, die eingelassen werden können stetig weniger werden. Es ist dazu noch warm, und der reife Mann nickt ob seiner Niedergeschlagenheit leicht ein. Zu seinem Elend fällt ihm der Schlüssel zur Himmelspforte aus der Hand und auf einen Acker. Hochgeschreckt, gilt es nun den wertvollen Schlüssel wieder in die himmlischen Sphären zu holen. Wie er es anstellte bleibt uns wohl für immer verborgen. Vermutlich aber passierte ihm das öfter, denn die Erzählung spricht davon, dass dort, wo der Schlüssel aufschlug, liebliche Himmelschlüssel sprießen. Der Welt zum Trost und aus Dankbarkeit, daß er damit kein Bäuerlein erschlagen hat, hat uns der gute Mann vermutlich als irdische Verlassenschaft die *Primula veris/Himmelschlüssel*, ausgesät: Gelb blühend und stark duftend, gehört sie zu den ersten Frühlingsblumen, im Lateinischen ist sie die *prima*, die Erste. Ja, noch genauer ist sie die erste echte, die primula veris: die kleine Erste des Frühlings. Mit ihren doldenartig angeordneten Blüten betört sie sowohl Tier als auch Mensch.

Im Südtirolischen und hierzulande nennt man diese Primelart, wie auch ihre ebenfalls hochstängelige Schwester Primula elatior, bis auf den heutigen Tag Himmelschlüssel oder Petersschlüssel. Bezeichnet man sie nach dem wissenschaftlichen Namen als Primel, hat das auch seine Richtigkeit. Die Norweger nennen ihre primula auch Schlüsselbund der heiligen Maria. Pflanzt man eine Schlüsselblume am Gründonnerstag in den Garten, würde sie das Jahr drauf bunte Blüten treiben. Jacobus Theodorus Tabernaemontanus gibt in seinem Kräuterbuch aus dem 17. Jahrhundert an, Himmelschlüsselzucker würde erkalteten Frauen helfen, damit meinte er wohl Frauen in den Jahren mit Wechselbeschwerden.

Eine gleichnishafte Bedeutung hatte der Himmelschlüssel auch. In der Vergangenheit nannte man nicht selten Gebetsbüchlein Himmelschlüssel. Fleißig benützt, erhöhten sie die Chance zum eigentlichen Ziele zu kommen: nämlich ins Himmelreich einzugehen.

Primula veris, die man auf eher trockenen Wiesen findet, hat zwar das Privileg, sich Arznei-Primel nennen zu dürfen, ihre recht ähnlich aussehende Schwester, die Hohe Primel/Primula elatior, die in Laubwäldern und auf frischen Wiesen wächst, ist aber genau so gut als Arzneipflanze zu verwenden. Wurzelstock und Wurzeln beider Arten finden sich schon in den alten Kräuterbüchern, und auch das jetzt gültige Europäische Arzneibuch führt sie in der Monographie Primulae radix. Beide enthalten recht ähnliche, kompliziert gebaute Wirksubstanzen, die in ihrer Struktur an die Saponine

Primula/
Himmelschlüssel

der Königskerze oder des Efeus erinnern. Es ist alte Erfahrung, dass Tees, Tinkturen oder Sirup aus Primelwurzel das Aushusten bei Erkrankungen der Atemwege mit zähflüssigem Schleim und Katarrhen erleichtern. Der Wirkmechanismus bleibt im Detail noch aufzuklären, möglicherweise ist er ähnlich wie bei Efeu-Saponinen und hat mit ganz bestimmten Rezeptoren an der inneren Oberfläche der Atemwege zu tun. In der Kinderheilkunde zieht man oft wegen des angenehmeren Geschmackes und einer geringeren Reizwirkung auf den Magen die Schlüsselblumenblüten der Wurzel vor.

Bitterer Schmerz – heilsame Arznei

Der Wermut auch *Artemisia absinthium* gerufen, ist seines außerordentlich bitteren Geschmacks wegen ein Kraut, das zum Sinnbild des bitteren Schmerzes wurde. Die Schmerzen Mariens und die Leiden Christi werden ganz in sympathetischer Manier mit dem Wermut in Verbindung gebracht.

In der Steiermark war es üblich mit Wermut die Schlaflosigkeit zu vertreiben, in dem man Wermut empfahl unter das Kopfkissen zu legen. *Wermuth auff einem Zigelstein gewärmet, und Wein darauff gesprengt, und so warm ober die Ohren gelegt, vertreibt den*

Artemisia/Wermut

Schmerzen derselben, so von Kälte verursacht. Sogar als Wiegenkraut war er bekannt, weil er als Gegenzaubermittel an die Wiege gehängt wurde, um Kindlein vor allerlei Teufelzauber zu schützen. Der Wermut ist Bestandteil des geheiligten Kräuterbuschens, zählt mithin zu den Frauenkräutern. Er schützt Vieh und Mensch vor Krankheit und Hexerei. Neben Hexen vertreibt er ganz hilfreich im Alltag auch Motten und Schaben. Seine vielfältige Nutzung speist sich aus Anschauungen, die zwischen Glauben, Aberglauben und einfachem Erfahrungswissen schwanken.

Erfahrungswissen kann man beim Wermut sehr einfach selbst gewinnen: Begreifen Sie die Pflanze, indem Sie ein frisches Blatt zwischen den Fingern zerreiben und daran riechen – den würzig-aromatischen Duft des ätherischen Öles werden Sie nicht mehr vergessen! Wer Mut hat, hat Wermut sicher schon einmal selbst verkostet. Die Wissenschaft hat die bitteren Substanzen in reiner Form aus dem Wermutkraut gewonnen und ihre komplizierte Sesquiterpenstruktur aufgeklärt. Nach dem Pflanzennamen erhielten sie ihre Bezeichnungen: Artabsin, Absinthin u.a. Sie schmecken ungeheuer bitter! In Anlehnung an den Pflanzennamen erhielten sie ihre Bezeichnungen: Artabsin, Absinthin u.a. Die Menge eines Gramms, das entspricht ungefähr einer Messerspitze, dieser reinen Bitterstoffe ist imstande ca. 500 Liter Wasser bitter zu machen. In entsprechend kleiner Dosis allerdings, wie man sie beispielsweise mit einem Wermut-Tee genießt, entfalten sie zusammen mit dem ätherischen Öl ihre positiven Wirkungen, die man in der Volksmedizin ebenso wie in der modernen Phytotherapie sehr schätzt.

Bei fieberhaften Erkrankungen, in der Rekonvaleszenz, bei älteren Patienten oder ganz einfach nach einer zu üppigen Mahlzeit bewährt sich Wermut als ausgezeichnetes *Amarum-aromaticum* (aromatisches Bittermittel), von dem keine unerwünschten Nebenwirkungen bekannt sind.

Das sonst so heilsame Kraut, allerdings nicht als Arznei verwendet, hat eine andere Wirkung in Form von *Absinth*. Dieses alkoholische Getränk wurde in größeren Mengen zuerst in der Westschweiz von Pernod hergestellt. Extrakte und Destillate aus Wermut und weiteren Pflanzen (Anis, Fenchel, Ysop, Melisse) ergaben ein Getränk mit hohem Alkoholgehalt. Mit Zucker und Wasser versetzt verändert die Flüssigkeit ihr Aussehen und wird trüb-grün. Absinth versetzt den Trinker in andere Sphären und wurde aus diesem Grund auch *Grüne Fee* genannt. Er fand rasch Eingang in die bessere Gesellschaft und war gegen Ende des 19.Jahrhunderts ein beliebtes Kultgetränk in Pariser und Londoner Künstlerkreisen. Häufiger wie übermäßiger Genuss kann zu seelisch-geistigen Störungen führen. Derlei unangenehme Wirkungen führt man vor allem auf den Wirkstoff Thujon zurück. Es ist eine nervenschädigende Substanz des schon erwähnten ätherischen Wermutöles, die infolge der speziellen Herstellungsweise in sehr hoher Menge enthalten ist. In vielen Ländern wurde Absinth deshalb verboten. Eine neue EU-Regelung erlaubt wieder mit Absinth-Schnäpsen zu handeln, sie gibt allerdings Grenzwerte für den Gehalt von Thujon vor.

Zufluchtsort Jesu

Juniperus communis/Wacholder, vielerorts unter dem Namen *Kranewittn, Kronawettn, Granewitsbeer* und vor allem als Schnaps bekannt, ist der Strauch mit den schwarzen Früchten eine gern genutzte Pflanze. *Der Baum wird Billich wachalters genantdt, da er machtdz alter wachent*, heißt es in einer kleinen Abhandlung über den Wacholder von einem Jörg Pranntweiner aus Mistelwach aus dem Jahre 1551. Neben diesem nahezu naturwissenschaftlichen Zugang zum Wacholder, gibt es auch wundersame Legenden rund um diesen: In Italien erzählt man sich, die Jungfrau Maria habe einen Wacholderstrauch mit auf die Flucht genommen, aus welchem Grunde ist jedoch nicht zu erfahren. Die Esten meinen, Jesus sei von einem Wacholderstrauch aus in den Himmel gefahren.

Die Wunderkraft des Wacholders jedenfalls ist groß, nahezu heilig. Seine Kraft habe auch Jesus genutzt, in dem er sich darin vor seinen Verfolgern versteckt hätte. Jesus lohnte es ihm und hinterließ dem Strauch seinen besonders aromatischen Duft.

Juniperus/Wacholder

Während die dunklen Beeren davon rühren, dass der Verräter Jesu, Judas, sich darin erhängt habe.

Vom Wacholder schien einst eine wahrhaft mythische Kraft auszugehen, wie diese Legenden zeigen.

Drum ist der volksmedizinische Glauben an die Kraft des Baumes vermutlich so groß. Von seinem anziehenden Geruch und seiner gleichzeitigen Stacheligkeit schien diese gewisse Faszination auszugehen. Man räuchert damit gegen Geister, Dämonen oder ganz prosaisch gegen Krankheiten in Haus und Stall. Gut für Mensch und Vieh ist der Wacholder, ja, sogar Zwerge schützt er. Ein gewisser Schmeltzl berichtet um 1548 von Feuern in Wien die mit Wacholderholz und Weihrauch entzündet wurden, um die Luft zu reinigen. Der Glaube, dass dies helfen würde, schien verbreitet, auch im Kreüterbuch von Leonhart Fuchs (Basel 1543) heißt es: *der rauch davon/verjagt [...] den vergifften lufft [...] .wo die pestilentz regiert/sol man stätz von weckholder holtz rauch machen*.

Er ist so wundersam mythisch umwoben, und neben dem Holunder jene Pflanze, vor der man den Hut ziehen sollte. So zumindest empfahl man dies in Oberösterreich. Das Lob auf und der Glauben an die Heil- und Zauberkraft des Wacholder ist beträchtlich. Gar wunderlich ranken sich die Geschichten zum Wacholderstrauch. Weit verbreitet ist die Ansicht, Zwerge würden im Wacholder hausen, Schätze wären drunter verborgen.

Das Marienbild von Mariaort aus Regensburg soll einst inmitten in einer Kranewittstaude aufrecht stehend auf dem Wasser daher geschwommen sein. Christen haben das Bild dann mitsamt der Staude auf ihr Schiff genommen. In Niederbayern hatte einst ein blindes Mädchen die Vision, die heilige Anna liegend unter einem Wacholderbuschen zu sehen wie sie ihr das Augenlicht schenkt.

Die Auffassung, wonach der würzige Geruch stinkende Hexen und Teufel vertreibe, Schätze darunter vergraben wären, die Heiligen Männer und Frauen die stachelige Staude zu ihrem Schutz benutzten, war weit verbreitet. Diese wundersame Heilmacht war dann wohl auch der Grund, die Pflanze dem Palmbuschen beizugeben. Wacholderbeeren, die während der Zeit des Frauendreißiger – der Zeit zwischen der Buschenweihe (15. August) und Maria Geburt (8. September) – gesammelt werden, geben einen wunderbaren Brand, der gegen allerlei bösen Zauber hilft. Auf den Hut gesteckt, über der Stalltür aufgehängt, stets hoffte man durch ihn in den Segen von Gesundheit und Heil zu kommen. Auf Rügen in Norddeutschland räucherte man damit sogar schreiende Kinder aus.

Der erwähnte Mistelwacher Pranntweiner führt seitenlang an, wogegen Wacholderöl hilft: gegen Fußlahmheit, bei Frauenleiden, gegen Magenbschwerden, gegen alle Vergiftungen und gegen die Pestilenz, es sei gut gegen Herzbeschwerden und soll zusammen mit *Mayen plume wasser, Isopenwasser und linden plut wasser* getrunken helfen. Insgesamt, so der Mann, stärke es alle Glieder des Menschen.

Dem Wacholder war Aufmerksamkeit gewiss. Bereits im Jahre 1605, als es noch nicht üblich war wie heute einfach so Bücher drucken zu lassen, brachte in Eisleben ein gewisser Joachim Tankium, seines Zeichens Doktor und Professor in Leipzig, nach dem Ableben des Michel Papst von Rochlitz dessen Wissen über den Wacholder als Buch heraus. Es kommt darin kaum eine Krankheit vor, die nicht zusammen mit anderen Kräutern, durch Wacholder, in allen Variationen zubereitet, geheilt werden könnte.

Nicht nur zur Heilung, sondern auch zur Prophylaxe zur Lebensverlängerung ist Wacholder dem Volksmund nach nützlich: *Nimm Kranebitt und Bibernell, dann stirbst nit schnell!*

Heilcharakter schreibt man dem Wacholder auch beim Gebrauch als Gewürz zu. Man verwendet ihn zum Würzen von Sauerkraut, Fleisch und Fisch. Als Heilmittel bei Magen-Darmbeschwerden, zur Entwässerung bei Frühjahrskuren, bei Erkrankungen der Harnwege kommt er ebenso zum Einsatz. Die Beeren verwendet man als Aquareticum. Hierbei dienen sie vor allem zur Erhöhung der Wassermenge im Harn, um bei bakteriellen Infekten des Harntraktes die Keime auszuschwemmen. Das ätherische Wacholderöl wird in Form von Einreibungen als krampflösendes Mittel bei rheumatischen Beschwerden und Muskelverspannungen eingesetzt.

Aus Japan belegen jüngste Beispiele, dass einzelne Substanzen der Wacholderbeeren gegen das Bakterium Helicobacter pylori, es ist für Magengeschwüre verantwortlich, wirksam sind.

Herrgotts Ruckenkraut

Die *Schafgarbe/Achillea millefolium* gehört nebst einigen bereits benannten Kräutern in Südtirol, Bayern und Kärnten in den Kräuterbuschen. Die Schafgarbe kennt man selten auch unter dem Namen *Margarethenkraut*. Ihre Wirksamkeit hingegen ist weitum bekannt: Bei Pest, Fieber aller Ursachen, hilft es zur Schafgarbe zu greifen. Im bayerischen wird sie sogar, wegen ihrer rückgratähnlichen Struktur, gegen Kreuzschmerzen angewandt. Heinrich Marzell führt auch für Österreich an, es werde dort *Herrgotts Ruckenkraut* gerufen. Die Schafgarbe ist wie so manch anderes Kraut dazu ausersehen, sowohl Haus und Hof als auch Mensch und Vieh zu schützen. Im Ötschergebiet sei sie einst Teil der täglichen Maulgabe (des Futters) an das Vieh gewesen. Folgende Legende erzählt man sich in Zusammenhang mit der Schafgarbe: *Es gingen drei Brüder frisch aus. Es begegnete ihnen der liebe Herr Jesus Christ und fragt sie: Was suchet ihr? Wir suchen das Kraut, das vor allem Schaden gut ist. Gehet hin auf den Mosisberg, nehmet das Öl von den Blumen der Wollen- und Schafgarben, drückt darauf und drein, dass nichts beschwört noch begehrt (eitergärig wird), daß es keinen Eiter mehr gibt. Im Namen des Vaters und des Sohnes und des heiligen Geistes.* Dieser Spruch mehrmals aufgesagt, hilft Tieren bei Augenverletzungen.

Was dem Vieh nutzt, kann dem Menschen nicht schaden und drum wird der Tee der Schafgarbe mit den roten Blüten Frauen bei Menstruationsbeschwerden gut tun. Folgerichtig hilft im Volksglauben der weiß blühende dann den Männern gegen Männerleiden.

Allerdings nur in der Volksmeinung, denn die Wissenschaft misst gerade diesem augenfälligen Merkmal, das von der unterschiedlichen Farbstoffspeicherung (Anthocyan) auch bei ein und derselben Schafgarbensippe herrührt, keine Bedeutung bei.

Das Sammeln der Schafgarbe ist auch für den Laien sehr einfach. Die Form des *Tausend*-Blattes, liebevoll *Mausleiterl* genannt, und des Blütenstandes mit den vielen kleinen Körbchen, ermöglicht keine Verwechslung. Von der Wissenschaft wissen wir, dass es *die* echte Schafgarbe nicht gibt. Nach Untersuchung tausender Pflanzen lässt sich feststellen, dass mehr als ein Dutzend Arten *eine sehr schwierige, noch nicht ausreichend erforschte Artengruppe bilden*, wie der Achillea-Experte Johannes Saukel der Universität Wien, dem derzeitigen Zentrum der Schafgarben-Forschung, angibt. Einzelne Arten und ihre Hybriden unterscheiden sich nämlich äußerlich oft nur gering, ihre Inhaltsstoffe weisen aber zum Teil gewaltige Unterschiede auf. Manche Arten synthetisieren

und speichern Substanzen, die die ausgezeichnete Wirksamkeit von Achillea erklären, anderen wiederum fehlen diese Stoffe. Wieder andere hingegen können durch allergen wirkende Substanzen für empfindliche Menschen unangenehm sein.

Unbeeinflusst von den neuen Forschungsergebnissen erfreut sich die Schafgarbe in der österreichischen Volksmedizin großer Beliebtheit. In der *Hit-Liste* der Heilpflanzen steht sie knapp hinter der Kamille an achter Stelle. Sie gilt als Magenmittel, wird aber gerade in Österreich in gleichem Maße auch bei *Frauenkrankheiten* sehr geschätzt. Aus der Volksmedizin wird von vielerlei Anwendungen berichtet. Beispielsweise, *wenn Männer tamisch sind* oder wenn jemand *zu dickes Blut, das nicht mehr durch die Adern passt*, hat. Laborversuche bestätigten die auch aus der Volksmedizin bekannte krampflösende, entzündungshemmende und blutstillende Wirkung. Die Wissenschaft ist also weiter dabei, die Schafgarbe möglichst umfangreich zu erforschen. Die Identifizierung und pharmakologische Prüfung isolierter Substanzen brachte unter anderen folgende Stoffe zum Vorschein: Monoterpene, Sesquiterpenlactone, Guajanolide, Germacranolide, Longipinene, Rupicoline, Sterole, Triterpene, Flavonoide, Cumarine, Phenolcarbosäuren, Polyine, Betaine – insgesamt mehr als 200 verschiedene Stoffe. Man ist auf dem besten Weg, eine geeignete Pflanze feldmäßig zu kultivieren und ein Phytopharmakon zu kreieren, das an Wirksamkeit, Verträglichkeit und Qualität allen modernes Anforderungen genügt. Der Weg dahin dauert noch. Man kann seine Schafgarbe inzwischen selbst sammeln oder auch die Teedroge *Herba Millefolii* in der Apotheke kaufen.

Windeln im Holunderbusch

Neben dem Wacholder ist der *Holunder/Sambucus* jene Pflanze, vor der die Leute den Hut ziehen sollen. Zahlreich sind die Legenden rund um den Holunder. Es nimmt kaum Wunder, liefert er sowohl Blüten als auch die Beeren zum menschlichen Verzehr. Bis in den skandinavischen Raum hinauf galt im Umgang mit Pflanzen dem Holunder besondere Ehrfurcht. Die Muttergottes hätte unter einem Holunder Rast gemacht und darin die Windeln des Jesukindes getrocknet. Solche Geschichten verleihen dem Grün eine liebliche, zauberhafte Aura. Selbst dann noch, wenn es um einen aberglaubenähnlichen Glauben geht. Man solle beispielsweise kein Holunderholz verbrennen. Dort, wo man sich diesem Ratschlag widersetze, würde dem Manne, der dies getan, nämlich ein Jahr später der Hof abbrennen oder, und das wäre wohl ein kleineres Übel, die Hennen würden nicht mehr legen. Im Schweizerischen pflegte man das Abbrennen von Holunderholz zu vermeiden, weil die heilige Emerentia auf einem Holunderholzscheiterhaufen verbrannt worden sei. Nicht nur, daß die müde Muttergottes den Holunder für ihre haushalterischen Notwendigkeiten nutzte, adelt den Holunder. Auch tragische

Vorkommnisse wie die Vollstreckung des Märtyriums der heiligen Emerentia erhöhen das Grün in himmlische Sphären. Im Falle des Holunder ist die Wirkmacht nicht allein auf einen Teil der Pflanze beschränkt: Holz, Blüten und Beeren spielten umfassend eine annähernd gleich wichtige Rolle im volksmedizinischen Glauben. Die Holunderblüten würden, das erinnert uns wiederum an das Maiglöckchen, Sommersprossen vertreiben. Das zu glauben, zeigt uns wieder einmal wie sich der Mensch durch die Übertragung von ähnlichen Bildern eine Lösung versprach. Die vielen gelblich weißen Pusteln der Holunderblüten ähneln auf bestimmte Art den Sommersprossen.

Der Holunder eignete sich gegen Leiden beim Menschen, gegen Zauberei beim Vieh, gegen höhere Gewalt wie Blitzschlag. Die Nachgeburt einer Kuh beispielsweise, die zum ersten Mal gekalbt hatte, soll unter dem Holunderbuschen vergraben werden, auf diese Weise würde die Kuh immerfort gegen Hexerei gefeit sein, weiß ein Arzneibuch aus dem 18. Jahrhundert von einem niederösterreichischen Glauben zu berichten. Gegen Blitzschlag hilft es einen Holunder zu setzten.

Der Holunder scheint ein allumfassendes Gewächs, von ausgeprägter, unheilabwehrender Kraft zu sein, ebenso erweist er sich am Ende auch noch als Glückroakel in Liebesangelegenheiten nützlich. Im Innviertel soll das Mädchen am Thomastag, dem kürzesten Tag des Jahres, während des Ave-Maria-Läutens die Holunderstaude schütteln, bellt dabei der Hund, dann bekommt das Mädchen einen Burschen jener Himmelsrichtung, aus der das Bellen des Hundes zu vernehmen ist.

Der Holunder sticht in seiner Bedeutung innerhalb dieser Erzählung insofern hervor, als keine der angeführten Pflanzen sinnbildlich so erotisiert belegt ist wie der Holunder: in zahlreichen Volksliedern besungen, lockt man sich hinter den Hollerbusch. Im Thüringischen hatte man in einem Rügebrauch einst unkeuschen Mädchen an Pfingsten einen Holunderzweig vors Fenster gestellt. Wie üblich in den Geschichten ums Leben und Liebe wechselt die allegorische Bedeutung des Buschens zwischen Liebe und Tod, Eros und Thanatos. Eine andere Bedeutung steht unter anderen Vorzeichen. Als Omen für den Tod wird der Holunder gedeutet, wenn beispielsweise Blüten und Beeren gleichzeitig auf dem Baum vorkommen. Den Holunder mit dem Tod in Verbindung gebacht, finden wir ihn in Tirol. Dort sollte ursprünglich das sogenannte Lebelangl, das Kreuz, das dem Sarg vorangeht und dann auf dem Grabe für die Dauer von dreißig Tagen stehen bleibt, aus Holunderholz gewesen sein.

Den vielen Erzählungen und Gebräuchen in Zusammenhang mit dem Holunder entspricht die volksmedizinische Bedeutung. Hierzulande wird der *Schwarz-Holunder/ Sambucus nigra* gleich nach dem Johanniskraut am häufigsten als Heilpflanze genannt. Dabei verwendet man bevorzugt die Blüten und Früchte, selten auch Blätter, Rinde und Wurzeln. Tee aus den Blüten wird hauptsächlich bei fieberhaften Erkältungkrankheiten, Heiserkeit, Halsweh und Husten empfohlen. Er wird gern mit Lindenblüten und

Königskerzenblüten kombiniert. Daneben gibt es eine bunte Fülle von anderen Anwendungen: In der Gynäkologie, bei Herz-Kreislaufbeschwerden, zur Blutreinigung, bei Venenleiden, Leber-Gallesymtomen, gegen Augenleiden, und bei Prostataproblemen.

Bei Magen-Darm-Beschwerden sollen Hollerblüten- oder Beerensaft und Hollerbeeren, mit Zucker eingekocht, gute Wirkungen zeigen. Die Grenze zwischen gesundem Nahrungsmittel und Heilmittel ist speziell bei den Beeren-Zubereitungen schwer zu ziehen: Hollersaft, Hollerkoch und Hollermarmelade gelten allgemein als schmackhaft. Sie sollen darüber hinaus widerstandsfähig gegen Infekte machen. In diesem Zusammenhang ist die Erforschung der Wirksubstanzen in den letzten Jahren etwas fortgeschritten. Es wurden Lektine und Proteine gefunden, die für eine antivirale Wirksamkeit in Frage kommen. Bei industriell hergestellten Saftpräparaten aus Hollerbeeren ist nachgewiesen worden, dass sie die Dauer von grippalen Infekten verkürzen können.

In der Volksmedizin werden interessanterweise auch die beiden Schwestern des Schwarz-Holunders verwendet: der Rot- oder Trauben-Holunder/*Sambucus racemosa* und der Zwerg-Holunder oder Attich/*Sambucus ebulus*. Die drei Holunder-Arten bereiten keine Identifizierungsprobleme, sie sind ganz leicht zu erkennen. Allerdings hat ihre Fa-

Sambucus/Holunder

milienzugehörigkeit in letzter Zeit mehrmals gewechselt: sie wurden von den Geissblattgewächsen zu den Moschuskrautgewächsen verschoben. Zur Zeit werden sie ihrer eigenen Familie, den *Holundergewächsen/Sambucaceae*, zugerechnet. Anwendungsbereiche aller drei Arten sind in der Volksmedizin recht ähnlich. Vom Trauben-Holunder werden hauptsächlich die Früchte, ohne Samen, vom Attich die Wurzeln, als harntreibendes Mittel, verwendet.

Unreife und ungekochte Beeren des Schwarz-Holunders können Übelkeit, oft bei Kindern beobachtet, hervorrufen. So mancher verträgt auch die gekochten Beeren nicht. Die Samen des Rot-Holunders gelten als abführend und die Früchte des Attichs als schwach giftig. Ob dafür die in kleiner Menge enthaltenen Blausäureglykoside verantwortlich sind, bleibt noch zu klären.

In der offiziellen Phytotherapie spielen unsere drei Holunder-Arten keine große Rolle. Nur die Blüten des Schwarz-Holunders sind offizinell, d.h. im gültigen Europäischen Arzneibuch angeführt. Sie gelten bei Erkältungskrankheiten als wirksam anerkannt. Die Monographie der Welt-Gesundheitsorganisation (WHO) vermerkt, dass keine klinischen Daten für den Gebrauch vorliegen, in traditionellen Medizinsystemen aber eine Verwendung als Diaphoreticum, als *schweißtreibendes Mittel*, bei Fieber und Erkältungen und als Expectorans bei Entzündungen der oberen Atemwege gegeben ist. In derselben Monographie wird auch der volksmedizinische Gebrauch bei Konjunktivitis, Verstopfung, Diabetes, Durchfall, trockener Haut, Kopfschmerzen und Rheumatismus angeführt.

Die Zukunft wird zeigen, ob die Forschung auch bei den Holunder-Arten aus den Pflanzen wirksame Substanzen zutage fördern kann, die den Respekt vor dem Hollerbusch und die Verwendung in der Erfahrungsheilkunde und in der Volksmedizin rechtfertigen.

Convallaria/
Maiglöckchen

Hypericum/Johanniskraut

Bodo Hell

Heiliger Wegrandus

Hollerauge (weiblich)

auch wenn nicht alle Fensterdurchblicke rundherum mit Hollerbüschen besetzt sind, in näherer oder weiterer Entfernung, auch wenn nur dort und da ein paar **weiße Blütenteller** durch die Scheiben herein-, herauf- und herüberschauen, große wie kleine, prächtige wie mickrige, annähernd runde oder randzerfranste, bei Berührung blütensternchenregnend und im Luftzug sanft nickend, bevor sie zu grünen, zu röten und bald auch zu bläuen beginnen, was sich zuerst an den Stängeln bemerkbar macht und meist schneller vor sich geht, als es einem Liebhaber von Blütenduft, Hollersaft und Hollersekt sowie der gebackenen Hollerstrauben lieb sein kann (einen möglichen schwarzen Läusebefall an den Blütenstängelverzweigungen wird man aus dieser Entfernung kaum wahrnehmen können), auch wenn niemand die wildvegetabilen hochschießenden kräftiggrünen Maitriebe und die unschönen dürren Altzweige aus der Buschkugel herausgeschnitten hat (vom Tabu des HollerzweigeVerbrennens – und seien's die feinen markführenden Röhren oder die hartholzigen Grundstämme, die für Schwellen und Türgriffe gut wären – einmal ganz abgesehen), auch wenn keine Buben im KampfspielAlter nach geeigneten Zweigen wie grün-unreifen Beeren für eine BlasrohrAttacke Ausschau halten und dann das duftende Mark aus den künftigen Schießkanülen herauszuschaben versuchen, auch wenn die NaturAssistenten beiderlei Geschlechts es augenblicklich verabsäumt haben, beim Vorbeigehen an diesem oder jenem Hollerbusch **den Hut/die Hüte** zu **ziehen** und vornübergebeugt ihre Verehrungsformel zu murmeln, oder die es beim Vorbeifahren an diesen zu Bäumen beschnittenen Erntebüschen der Hollerplantagen an der Bahnstrecke von Graz nordwärts nahe Frohnleiten nicht wagen, in Begeisterungsrufe auszubrechen auch wenn all dies geschieht oder verabsäumt wird, so weiß man den **guten Geist**(weiblich) doch Tag und Nacht unsichtbar zwischen den gar nicht so tragfähigen HollerbuschÄsten hocken und unfokussiert aus den Dolden oder sonstwo zwischen den gefiederten Blättern herausschauen, zum Himmel hinauf, mitten in die Sonne, zum Nachbarbusch hinüber und eben auch zu den Menschenfenstern hinein, und was bekommt es da zu sehen, dieses wohlwollende Hollerauge(weiblich):

es sieht zum Beispiel ein nicht mehr ganz junges Paar, das sich am Speisetisch ums Eck versetzt halb gegenübersitzt, das sich zwischenzeitlich bedächtig an den Händen hält und dabei die unterschiedlich straffe Haut an Arm- und Handrücken betrachtet, das wortlos über die Regenerationskraft des Menschenleibes und seiner Extremitäten nachsinnt, das an den vollständigen Zellenumbau bei ein und derselben Person in so und so vielen Jahren denkt, das die unbefragte Hautglätte der Jugend zurück zu imaginieren versucht, aber was hat es mit dieser blühenden Frische denn auf sich gehabt, die jahrelang so selbstverständlich gelebt wurde, und was bedeutet diese **leise Vergeblichkeit** einer damals zu früh und heute, wie es scheint, zu spät geschenkten Nähe

nachts, schweigend, den ungewissen Fallgeräuschen aus den Baumkronen lauschend, dem gezirpten Hörteppich der Grillen hingegeben, jedem neuen monotonen Käuzchenruf mit einer unmerklichen Kopfseitwärtsbewegung ausweichend, die Tonpumpe der Nachtigall im eigenen Atem mitvollziehend, bevor sich diese zur expressiven Artikulationslinie aufschwingt (all das sollte man ja zu zweit nicht unbedingt auf sich wirken lassen, heißt es/wird empfohlen), einfach in die unbenannte Sternentiefe im jeanpaulschen Sinn (als ‚Trost gegen die Erde') hinaufschauend oder untertags im Halbschatten, hollersafttrinkend, hollerrösteressend (Birnen und Zwetschken gehören da unbedingt hinein), in den gebackenen Hollerstrauben auf der Suche nach dem frischen Geschmack der Blütenteller stochernd, oder im prallen Sonnenlicht, hinter geschlossenen Lidern, bei gesenkten Häuptern und stecknadelkopfgroßen punktuellen Pupillen: so könnte sich der Geist aus dem **AllheilBusch**(weiblich) sein imaginiertes Menschenpaar gegenüber in den Garten hineingezaubert vorstellen, als affizierte Entsprechung zu seinem eigenen Wachstumsdrang, als Projektionspunkt der vorsommerlichen Liebes- und Leibesenergien (orakelnd)

als Kinder haben wir bisweilen so manche Pflanzenwörter (wenn auch nicht die Gewächse selbst) verwechselt: Holler und Flieder, Holunder und Wacholder, als *sambuco* würde man später wohl nur die reife, geschmacklich quasi triefende Fruchtdolde verstanden haben, zuerst an Düften überreich und dann an Geschmäckern bald zu üppig, der Landwirt setzt den Strauch auch deshalb gern neben die Stalltür, weil der intensive Hollerduft die Fliegen anziehen soll, leider: die Rezepte der Großmütter (darin auch die Blätter eine Rolle spielten) kann man von diesen selbst jetzt nicht mehr erfragen, die **BlütenErnte** (wobei die Äste an Hakenstöcken sanft herunterzuziehen wären) wird sich je nach Standort der Büsche bis zu **8 Wochen** hinziehen können, in den höher gelegenen schattigen Bergschluchten fände sich sogar Anfang Juli noch manch offener undichter Blütenteller, im Kübel samt Zitronen mit Wasser übergossen, in 48 Stunden hinreichend ausgelaugt, über die zuzusetzende Zuckermenge und den Grad der Erhitzung zum Haltbarmachen gehen die Meinungen und RezeptAnordnungen auseinander, von geplatzten hermetischen Flaschen und explodierenden Glasballons wird immer wieder berichtet, auch verträgt nicht jeder Verdauungstrakt die Schärfe der konservierenden Zitronensäure, nach Jahresfrist aber seien sowohl Saftvorräte wie der Inhalt von Sektbehältnissen gegen eine neue Befüllung auszutauschen, und der Zwergholunder (Attich als kräftiges Roßmittel, das früher auf keiner Burg fehlen durfte) sowie der rote (Berg-) Holler wären eine eigene Untersuchung wert, wie die Stressforscher von St. Radegund den **Vulkanholler von St. Anna am Aigen** analysieren und testen (etwa den roten Farbstoff als wirksam gegen Arteriosklerose) und wie die Faistenauer, Hinterseer und Fuschler Bauern im Salzburger Land längst ein HollerGe-

Sambucus/Holunder

genzentrum für ihren >Almholler< errichtet haben (*bist a rechter Holler, red kan Holler*, also Flieder!, Unwahrheit, wertloses Zeug)

während angesichts der vegetativen Hollerübermacht etwa die erstaustreibende hartriegelige **Kornelkirsche** (am besten schmecken die *Dirndl* wohl winters in Form getrockneter saurer Fruchthälften aus dem Waldviertel) deutlich in den allgemeinen AufmerksamkeitsSchatten getreten ist, der ihr als pannonien-heimisch sowieso nicht gut bekommt, aber sie hat ihr unbezweifelbares Zentrum im niederösterreichischen Pielachtal mit seinen sanften *Gegenden* und *Rotten* gefunden (ehrlich: diese Flüsse sind aus der Ferne nicht leicht auseinanderzuhalten oder gar exakt zu situieren: Ois/Ybbs [sprich: Ips], Erlauf, Pielach, Traisen und Gölsen), also: die der Pielach benachbarte Traisen muß samt ihren QuellÄsten, der Türnitzer Traisen (richtung Annaberg) und der Unrecht Traisen (richtung Gippel und Göller) ihrerseits erst auf eine assoziationsfest verwertbare und in der Folge speziell als zu ihr gehörig empfundene Pflanzenart warten

Zweiglein Unermüdlich

auch wenn nicht alle **Vierbergler** das sogenannte VierbergeLaub auf ihrem Hut sichtbar aufgesteckt tragen und obwohl die Meinungen über die richtige Zusammensetzung des immergrünen Sträußchens für den jährlichen Rundweg in Mittelkärnten auseinandergehen (Bärlapp=Krahfuaß für den Magdalensberg, Efeu=Karfunkellaub für den Ulrichsberg, Fichtenzweige=GraßAsterl vom Veits- oder Gößeberg samt seinem Wunschläuten sowie der wachmachende **Wacholder**=Kranewittn auf dem Lorenziberg), wobei das vierfach-Grün als Büschel auch oben um den langen Wanderstecken (in den man die Anzahl der bisherigen Läufe einringeln kann) herumgebunden wird, so liegt doch für die meisten TeilnehmerInnen der Gedanke nahe, nicht nur von jedem GlantalBerg etwas Bestimmtes mitzubringen, sondern unterwegs auch zu je speziellem Grün (als vagem Unterpfand) hinzustreben, wobei zuletzt die Wacholderzweige zum Selbstabreißen vor der Lorenzikirche hoch über St.Veit schon von hilfreichen Händen großästig bereitliegen und man nicht erst selbst, von den 15 verflossenen Gehstunden einigermaßen müde, an den Hängen der Umgebung nach passendem Gezweig suchen muß, und eben dieses letzte (vierte) Grün wäre der **Garant fürs Durchhalten** gewesen, gilt doch ein Wacholdersträußchen am Hut auch anderswo als wirksames Mittel gegen Ermüdung unterwegs, gegen plötzlichen Schwindel und gegen das unangenehme Hautwundreiben beim Gehen, den sogenannten *Wolf* dann stapft also der **Schafhüter** des Trockenrasenprojekts am Hundsheimer Kogel (Bratislava und Petrzalka in Sichtweite) zum soundsovielten Mal auf diese hochstrebende Strauchgruppe von Säulchenwacholderstämmen zu, im ausgewiesenen Weidekuschelgelände (vom dörflichen Fußballplatz unten dringen soeben die Zurufe der Tifosi herauf), dann greift also die rechte Hand zum soundsovielten Mal mit Daumen und Zeigefinger vorsichtig in dieses locker-grüne Nadelgestrüpp hinein und versucht eine der verkümmerten blauen Beeren zu fassen, und wieder sind die Finger reflexartig vor den stechenden Nadelspitzen zurückgezuckt und die Beere ist zu Boden gefallen, auf diese schafmistgedüngte magere Grasnarbe, die ja ohne die (universitäre) Weideinitiative wohl schon mehr und mehr verstraucht und ihrem Endzustand als MacchiaBuschwald zugestrebt wäre, die bitteren Beeren aber, die in Höhenlagen mehr als ein Jahr zum Reifen benötigen, ließen sich mit Zuckerwasser zu einer zähflüssig intensiv dunklen **Latwerge** verkochen, die den Kindern und Erwachsenen dann leicht vom Frühstücksbutterbrot herunterrinnt und die in der Ostschweiz von einer Firma namens *Eisenhut* in den Handel gebracht wurde

während zeitgleich oben im Kalkgebirg der **Almhirt** sehr wohl in den Kranewittbusch aus der Familie der Kupressinen (zu der auch die giftig-hartnäckigen Garten-Thujen gehören), der sich dort in Schwarzbeer- und Almrauschgesträuchhöhe, also niedrig am Boden hinstreckt, herzhaft hineinlangt und die unbewehrten Zweigspitzen dieses *Juniperus* in bewährter Manier handtellergroß mit dem Messer abschneidet, vorerst nicht eigens darauf achtend, ob es sich um ein weibliches oder männliches Strauchexemplar der Subspezies *alpina* oder *nana* handelt, eingedenk der Hinweise von Nachbarinnen und Vorgängern, die davon gesprochen haben, wie gesundheitsfördernd auch fürs Rindvieh das Druntermischen von kleingehackten Wacholderzweigen unters **Gleck**, also unter die wöchentliche Salz- und Kleiengabe, sein könnte, wo doch für den humanen Gebrauch (also *für die Leut*) der wacholderzweiggeschwängerte Selchrauch, der klare Wacholderschnaps (der slowenische Brinjevec, der holländische Genever, der englische Gin) und die Würzbeeren für Suppe und Sauerkraut sowieso nicht wegzudenken sind, und eine reinigende **Beerenkur** könnte derart vor sich gehen, daß man am ersten KurTag 1 Wacholderbeere, am zweiten 2 Beeren und so fort bis 33 oder 66 zu sich nähme und dann wieder einzeln abnehmend retour bis Null liefe, wobei die sonstige Nahrungsaufnahme in diesen gut 2 oder 4 Monaten sehr wohl reduziert sein könnte, auf alle Fälle sei man anschließend wenn auch vielleicht etwas wacklig auf den Beinen so doch innerlich merkbar erleichtert

und um die mehr als dekorativen antiseptischen Zweiglein als **Begleitgrün** für den Käsetransport einzusammeln, heißt es dann doch höher hinauf in die Blockhänge unter dem Stiebelrucken steigen, wo die unverbrauchten Exemplare des Zwergwacholders zu finden sind, ohne braune Innenpartien, entlang den wärmenden Felsen wachsend und die Nadelunterseiten bisweilen derart silbrig glänzend, daß dem kleinen Transportpaket damit ein aufhellender Aspekt beigefügt wird, strahlend weiß der Geißkäse sowieso und silbriggrün der Machandelzweig im Zwischenraum (siehe auch Grimms grausames Schamanenmärchen *Von dem Machandelboom* Nr. 47, unter dem die geborgenen Gebeine des Brüderchens vergraben sind), und man könnte sich an die ungewöhnliche Begeisterung des vulgo *Yrxner*-Altbauern (aus Mandling) über dergleichen Buschwerk (gesprächsweise) erinnern oder an den Wunsch dieses bayrischen Tierarztes, Jägers und Herzknorpelsammlers K. K., der den Wacholder nicht nur als **letzten Bissen** für das erlegte Stück Wild vorgesehen hat und die immergrünen Zweige vielleicht sogar in den ausgenommenen Wildkörper hineinschieben würde, sondern der sich die *Taxen* auch für sonstige Zwecke in größeren Mengen abgeschnitten und zugesandt gewünscht hätte, wäre nicht wieder der ausgiebige Herbstschnee dazwischengekommen und angesichts der sonstigen Hüterarbeit und Sammeltätigkeit so ein erwünschtes WacholderRoden und -Schwenden hintangestellt worden

selbstverständlich schnappen die Geißenmäuler zuerst einmal nach den von Menschenhand hingehaltenen Wacholderzweigen, vor allem wenn ein anderes Schnappmaul ebenso eifersüchtig nebenan herandrängt, doch bei anfänglicher Gier nach dem neuen Geschmack und dem im Abrupfen freiwerdenden Geruch läßt der Appetit auf ein draußen im Gelände sowieso vorhandenes **Weidespezifikum** bald nach und das Geißenmaul achtet gar nicht mehr auf die restlichen ZweigAbbisse, die mirnichtsdirnichts seitlich zu Boden fallen, das Ziegenhaupt wendet sich nach dieser homöopathischen Aufnahme stacheliger Happen, wenn schon im Grünen verbleibend, dann doch lieber krautigeren oder laubtragenden Äsungsgrundlagen zu, etwa in Form von weichen Farnwedeln, mürbem Alpenampfer oder frisch ausgeschlagenen Ebereschen, Grünerlen und Zwergmispeln

um von der **Holznutzung** zu reden, dann wären das: die breit geschnitzten türkischen (Suppen)-Löffel, manch poliertes marokkanisches Schmuckkästchen, viele lange Mittelstössel mit fixer Lochscheibe unten fürs oben mittig gedeckelte Stoßbutterfaß (das zum Buttern zwischen die Schenkel geklemmt werden kann), auch eines der neunerlei Hölzer des zauberkräftigen Zeremonialschemels (mit dem man sich vielleicht in die Lüfte erhebt), die sogenannte Martins- oder Wotansgerte zum unbemerkten Schlagen abwesender Kontrahenten: alles das ist aus armstarkem gewöhnlichem **Wacholderholz** geschnitzt, und doch erreicht der geduckte JochKranebitt aus der Kampfzone an der alpinen Baumgrenze (auch ohne solche Aststärke) Wirkungen, welche die zartere Talform niemals zu bieten hat, darum gehen wir nächstesmal am ersten solchen Busch, den wir unterwegs (unscheinbar geduckt) antreffen, nicht mehr achtlos und gedankenverloren vorbei, sondern ernten ein paar beerenbesetzte (auch unreif grün) oder leere Zweiglein (wie sich's ergibt) und prüfen dann auf ausgedehnter Runde, inwieweit uns der Gedanke ans **Spezialgrün** am Hut oder im Rucksack die unausbleiblichen Müdigkeitsphasen, zumal die erste nachmittägliche, überwinden hilft

herbe Garbe

ob Achill (des kräuterkundigen Kentauren Chirons Schüler) die Wunde des Telephos, die er ihm in einem Vorspiel des trojanischen Krieges beigefügt hatte, phytotherapeutisch mit der nach ihm benannten **Achillea** (der Schafgarbe) geheilt hat oder mit dem nach dem Verwundeten seinerseits benannten Telephium (der Fetthenne) oder ganz einfach mineralisch-metallisch mit dem Rost der speziellen VerwundungsLanze: die Antwort auf diese Frage muß unentschieden bleiben, alle drei Varianten hätten auf der metaphorischen Ebene etwas für sich welcher der mindestens 6 SchafgarbenUnterarten, die in der Vieh- und Menschenmedizin eine Rolle spielen könnten, die Präferenz zu geben ist, wäre schon leichter auszumachen, denn das gewöhnliche *Millefolium*/**Tausendblatt** ist ab dem Frühsommer bis über die letzten Heumahden hinaus überall anzutreffen und erweist sich schon von der Gestalt her als besonders robust, trocken sympathisch, mit einem Duft wie vorbereitet für den Herren-Parfumeur, allseits wohlbekannt und verwechslungssicher, mit einem Namen, der vielleicht den herben/>garben< Geschmack oder einfach das **Büschel** (die Garbe) meint, das man **den Schafen** zum Schutz gegen Krankheiten hergerichtet hat, so wie der Storchenschnabel dem weiblichen Rindvieh in Büscheln jeweils vor dem StierigkeitsTermin als **Maulga(r)be** zur Erhöhung der Aufnahmebereitschaft verabreicht wurde

bei den alpinen Varianten unterscheidet der Volksmund das **Wildfräuleinkraut** (*moschata*) und das **Wildmannlkraut** (*nana*), beide kalkfliehend, das schwarzumrandete **Gemskraut** (*atrata*) und die von den Sennern bevorzugte kalkholde **Steinraute** (*clavenae*), das ist der nach einem italienischen Apotheker des 17. Jhs. (namens Clavena) benannte >Weiße Speik<, oder >weiße Frauen-Speik<, der allerdings auch als Wermut angesprochen wird (obwohl er nichts mit Artemisia oder Valeriana zutun hat), der mit seinen reinweißen Doldenblüten und den feinsamtigen fiederlappigen Blättern speziell die Spalten der wärmenden Felsen belebt und, wenn man ihn einfach so abreißt, sich stets mitsamt dem Wurzelstock loslöst und in den vergangenen Bergsommern jeweils früher zu blühen begonnen hat, so daß die alte SenninnenRegel, nur zwischen dem Großen und dem Kleinen Frauentag zu pflücken, hinfällig geworden zu sein scheint, denn am 15. August sind bereits die meisten Exemplare dieser einzeln und in Horsten stehenden duftenden Pflanze verblüht

wie die Blüten der weißen Taubnessel im Frühling, so scheinen die weißen Blütenkörbchen der Steinraute im Sommer speziell für den weiblichen Unterleib gewachsen zu sein, und die elegant bittere Clavenae läßt sich auch gut in Weißwein ansetzen und verändert dann dessen Geschmack doch wieder in richtung Vermouth hin

im Sinne der Umwegrentabilität und der Auflösung fixer Verhaltensmuster könnte die Steinraute z.B. dazu dienen, die **Aufmerksamkeit des Viehsuchenden**, dem schon ein paar Tage etwa ein einzelner FleckenÖchsler abgeht (welcher auch bei anderen benachbarten Kleingruppen nicht zu finden ist), vom fixen Plan abzulenken und ein geändertes System des flächendeckenden Suchens nahezulegen, nämlich überall dort in die Felsplatten und Latschengassen hineinzuschauen, wo dieser weiße Speik steht und jeweils 1 Stämmchen mit den Fingernägeln abzuzwicken, aufzunehmen, dann aber nicht zum nächsten weiterzuhasten, sondern die Umgebung im Rundblick nach so einem blondweißen Fell mit den Augen musternd abzutasten, da hat man am Ende des Tages wenn schon nicht das Rindvieh so doch ausreichend Schafgarbe gefunden und ein Säckchen voll davon eingesammelt

obwohl also jetzt etwa im Wurzkar alles Schafgarbige, also auch das **Margarethenkraut** im Umkreis jenes ominösen 20. Juli (dessen letzter aristokratischer Attentäter unlängst verschieden ist und dessen Offiziersleben noch vorher von einer Nachkommin dokumentiert wurde), nachdem also diese bestimmte Landschaftformation von Menschenhand abgegrast ist (und der Öchsler dabei wieder nicht gefunden wurde), kann man sicher sein, daß die Steinraute im nächsten Jahr genauso üppig wachsen und aufblühen wird, so daß alle medizinfordernden Verdauungsproblematiker und schneidenden Anorektikerinnen ihre gehörige Portion **SchafgarbenSpeikWermutRaute** verabreicht bekommen können (*schick mir bitte nicht ausschließlich RosettenBlätter*, hört man die Kollegin von ferne indigniert rufen, *sondern warte die volle Blüte ab und leg dann auch ein paar dieser Dolden dazu, und achte darauf, daß die Wurzelnester beim Abpflücken nicht mitgehen*, ruft eine andere kundige Kräuterfrau, *denn hier heroben ist die Vegetationsperiode sehr kurz und wer weiß, wie lang es dauert, bis sich wieder so ein Substrat etc. bildet*), aber ach: die Schafgarbe

Achillea/Schafgarbe

gilt als bodenheilend wie die Kamille und ich lasse sowieso in jeder Gruppe eine Blütenköpfchen Trugdolde zum Aussamen stehen, wobei die Schrangl-, Landl- und Haslehn-Schafe hier heroben im humusdurchsetzten Karst sehr wohl Äsungskräuter finden, die süßer als die nach ihnen benannte Garbe schmecken, und im Augenblick stehen sie ja ohnedies ganz still und dichtgedrängt, der Menschen nicht achtend, im Hangschatten einer wipfelausladenden Zirbe, so ruhig, daß man sie kaum wahrgenommen hätte, wäre nicht eine von ihnen mit halbunterdrücktem Blöken laut geworden, und wenn wir nach einer Stunde wieder hieher kämen, könnten wir sehen, wie sich die ganze Herde mit dem und **innerhalb des Baumschatten(s)** weiterbewegt hat, so daß keins der Tiere im prallen Sonnenlicht draußen stehenbleiben muß, auch die Weigl-Schafe in ihrer Wolle sehnen sich nach der sogenannten Schafskälte Anfang Juli zurück, und wohl keines von ihnen kann sich mehr daran erinnern, je im Sommer zu einer pudelartigen Halbschur ins Tal getrieben und dann wieder heraufgelassen worden zu sein, weißt du noch: wie dieses einzelne Meisslinger-Schaf in seiner Grube, gleich wann man hingekommen ist, sich im Kreis gedreht hat, da hättest du ihm an Kräutern hinhalten können was du wolltest, das war von seinem tödlichen Rundkurs, den man einer Finne des Hundebandwurms oder gar einer Prionenkrankheit zuzuschreiben hätte, nicht mehr abzubringen, während die Arnold- und die Holler-Schafe, ohne selbst etwas dafür zu können (sie folgen nur ihrem Programm und den ortskundigen GlockAren), im Frühjahr immer auf das Spitzgras der Kuhweide hereingedrängt haben, und diesem **AgrarmarktKontrollor** (um auch das noch zu sagen), der uns die Schafe aus der Behütungsprämie herausgenommen und eine Geldstrafe wegen falscher Anmeldung verhängt hat, obwohl er ja als ehemaliger Bauer genau wissen muß, daß man in so einem weitläufigen KarstPlateau unmöglich täglich alle Schafgruppen sehen kann, geschweige denn sie bei drohendem Wetter zu (gar nicht vorhandenen) Ställen hinzutreiben in der Lage ist, diesem (wie die Kunde geht) ausgemachten **Schafhasser** täte ein Büschel Schafgarbe im Schlafzimmer ganz gut, wie sie Helene zum Trocknen und zur Fliegenabwehr in vielen Bünden an eine Schnur quer durch den Raum zu hängen pflegt

verspätete Aufhellung (trocken)

und wäre man um die Zeit des bereits fortgeschrittenen Sommers einmal in der Altsennerin (Rainhab Idas) Stübl eingetreten, während sie selbst im kühlen Kasten nebenan nach dem von ihr messerspitzrund geformten stehenden **Butterzapfen** (als Vorbild: die blauen Zirbenzapfen) gesucht hätte, um ihn den Gästen mit Steirerkas und Schwarzbrot anzubieten, und wenn in der Hüttn der Dreifuß am offenen Fußbrand (und auf dem Dreifuß wiederum im Schnellsieder Wasser) gestanden wäre, dann hätte man vielleicht in einem der beiden Warmräume auf Bord oder Tisch in einer tiefen Schüssel eine Unmenge von Johanniskraut-Blütenköpfen aufbewahrt liegen sehen können, in gelbem Überschwang, ohne die säuerlichen öldrüsenpunktierten grünen Blätter, die frischen Blüten ausschließlich für den Ansatz in Olivenöl vorgesehen, dem die hellen Blütenköpfe (in die Sonne gestellt) folglich ihren heilsamen roten Farbstoff abgegeben hätten, womit der Auszug (abgeseiht und in dunkle Fläschchen gefüllt) für Einreibungen diverser Art bereitet war, und wären noch Stummel von Stängeln zu sehen gewesen, hätte man am Vierkantquerschnitt auch gleich die alpine Form des KantenHartheus mit vornehmlich Einzelblüten wiedererkannt, während wir in den tieferliegenden Wiesen die verzweigten Johanniskrautköpfe an längeren Stielen hätten finden können, die als Heilkraut mehr ausgeben und hermachen als die karge alpine Verwandtschaft, noch dazu einige Wochen vorher, eben um Sonnwend herum, wenn uns drei Tage nach dem astronomischen Sommerbeginn (so ausgefranst und familiär verrückt sind die Daten und Zuschreibungen) das Blut des enthaupteten Prodromos Johannes des Täufers auf Salomes Teller (der Mutter Herodias und dem Vater Herodes dargebracht) entgegenblickt, und zugleich liegt das Lamm beingeknickt mit der wegstehenden Auferstehungsfahne so auf dem geschlossenen Buch, daß man dieses sicher nicht zu berühren wagt, an ein Sprengen der 7 Siegel gar nicht zu denken

Hypericum/Johanniskraut

die Gebirgsform des Johanniskrauts läßt also ab der Johannisnacht (die ja dem längsten und theoretisch auch heißesten Tag des Jahres vorausgeht) mit seinem Blühen auf sich warten, grün sprießen die Stängel mit ihren gegenständigen Blättern herauf, an den aus den Vorjahren bekannten Standorten, und wenn die gelben Knospen und freudigen fünfstrahligen Sterne dann im August endlich erscheinen (der namengebende Johannes Baptista liegt im Kalender weit zurück), dann heißt es mit dem Pflücken (käferabschüttelnd) nicht allzu lange warten, denn bald verfärben sich die Doldenrispen (indem sie quasi ihren innersten Geist zeigen) nach Rot hin und verdorren unansehnlich, oder der erste Morgenreif hat die unteren Stängelblätter rotbraun verbrannt und aus der sonnenhellen Lichtgestalt eine melancholisch schäbige **BlutkrustenStaude** gemacht

es scheint ganz so, als würde im Licht- und Wärmehaushalt das Jahr den Tag nachahmen wollen: denn wie es bekanntlich nicht um 12 Uhr mittags, sondern gegen 2 Uhr nachmittags am heißesten zu sein pflegt, so scheint der Sommer auch nicht mit dem höchsten Sonnenstand, sondern mit einiger Verzögerung im *Ferragosto* seinen Zenith erreichen zu wollen, und das Johanniskraut der Höhe verschiebt seine ersehnte depressionsprophylaktische Wirkung weit in den absteigenden Ast des Jahreslichtzyklus hinein, ganz abgesehen davon, daß der Teevorrat bei sowieso geratener vorsichtiger Anwendung bis zum dunklen *Solstitium* vor Weihnachten und darüber hinaus reichen könnte

nach einem Kräuterbuch der Lutherzeit (Hieronymus Bock) gehört das *Hypericum* (>unter der Erika<) zu den teufelabwehrenden Pflanzen (angeblich hat dieser ja aus Zorn über dessen Heilkraft die Blätter mit Nadeln durchstochen, so wie er der Scabiosa in der Johannisnacht die Wurzel abgebissen hat: Teufelsabbiß) und ein Altweiberspruch dazu lautet: *Dost, Harthaw und wegscheydt – thun dem teuffel vil leidt*, als *fuga daemonum* könnte das Johanniskraut auch **bei Unwetter im Anzug** hilfreich sein, siehe den Spruch: *ist denn keine alte Fraue/die kann pflücken Hartenaue/daß sich das Gewitter staue*, aber das Blutkraut wird auch dem Johannes Evangelista unterm Kreuz zugeschrieben und sogar mit dem Annengatten Joachim in Verbindung gebracht (der es aus der Wüste ins Haus geholt hat, wo es sich so lange frisch erhielt, bis der Vorläufer aus Elisabeth geboren war, die gute alte Anna hatte ja bereits seit dem BefruchtungsKuß unter der goldenen Pforte die erste und bekannteste ihrer 3 Marien unbefleckt unterm Herzen getragen und schließlich geboren), andererseits heißt es aber auch: *Dosten und Johanniskraut/verführen meine junge Braut*, und als prognostische Liebesorakelpflanze (siehe hiezu Elsbeth Wallnöfer) wurde das Kraut versuchsweise von heiratsfähigen Bauernmädchen mittels Auspressen in Tüchern verwendet: *Schatzerl, bist ma guot, kimmt Bluot, Schatzerl tuast mi spotten, kimmt Schottn* (grünliches Käsewasser) legt man das gesammelte Kräutergut in Innenräumen, etwa in Netzen, Tüchern oder großen Sieben über dem Ofen zum Trocknen auf, verbreitet es einen erfrischenden (man könnte sagen:) zitronigen Duft, der allein schon bei jedem neuerlichen Betreten alle Sinne weckt, und wenn dann der erste Tee aufgegossen und genossen wird, tritt diese mehr als **paradoxe ZungenEmpfindung** auf, daß es sich nämlich zwar um etwas Flüssiges, aber in Wirklichkeit um etwas ganz und gar Trockenes handelt, das man da seinem inneren Gleichgewicht zuführt

Miseré/wachs unterm Schnee

zuerst erscheinen sie im gesamten Gelände wie nicht vorhanden, doch wenn man einmal damit begonnen hat, einen dieser graugrünen Lappen zu erkennen und aus dem Dickicht von Schwarzbeerenstauden, Grestlinglaub und Zwergwacholdernadeln hervorzuziehen, wobei meist die hellere Unterseite blinkend zum Vorschein kommt, so wird man einen der merkwürdigsten aller grünen Mattenbewohner des Alpinen und Voralpinen kennenlernen und seiner erst richtig gewahr werden, ja man wird ihn sogar an diversen Orten im Überfluß vorhanden finden, als immer schon heimisch gewesen, zumindest für diesen einen Tag

Cetraria islandica (L.) Ach. *Lichen islandicus*, *Muscus islandicus*, aus der Familie der *Parmeliaceae*, hört im einstigen Tirol auf den Namen *Goaßstrauben* (auch wenn die Ziegen es nicht sonderlich gern fressen), in Ober- und Niederösterreich heißt es *Kramperlmias*, in Kärnten *Graupn*, in der Steiermark *Saukramperl* (da in Wasser oder Sauermilch gekocht/*obrennt* zur Schweinemast verwendet/geeignet)

das Isländische Moos (nicht mit der Parfummarke Irisch Moos zu verwechseln) ist bekanntlich gar kein Moos, sondern gehört zu der sonderbarsten Gruppe im Pflanzenreich, zu den Flechten (*Lichenen*), die der schwedische Taxonom und WissenschaftsAbenteurer Carl von Linné (siehe seine *Lappländische Reise* 1732, übersetzt von H.C. Artmann 1964) despektierlich als *rustici pauperrimi* (armseliges Pöbelvolk) bezeichnet hat, erst vor gut 100 Jahren gelang es, die wahre Natur der Flechten aufzudecken: sie sind ein Symbioseorganismus aus einem **Pilz** und einer **Alge**, was beiden Partnern zum Vorteil gereicht: die Algen leben im Flechtenkörper meist dicht umhüllt von den Pilzfäden und liefern dem Pilz die Nahrung, die sie bei der Kohlendioxid-Assimilation bilden, die Wechselbeziehungen zwischen dem Pilz und dem Algenpartner sind dabei äußerst kompliziert: so können die für Flechten charakteristischen Inhaltsstoffe, auf welche die bisweilen auffällige Färbung des Lagers zurückgeht, nur in der Symbiosegemeinschaft gebildet werden, die Algen ihrerseits (auch freilebend vorkommend) werden durch das Pilzgeflecht vor zu schneller Austrocknung, vor zu starker Sonneneinstrahlung und vor unerwünschtem Tierfraß geschützt

da die Produktivität der Flechtenalgen im allgemeinen gering ist, wachsen sie auch sehr langsam, oft nur wenige Millimeter im Jahr, aber der Flechtenanteil an der Pflanzendecke wird umso größer, je unwirtlicher die Lebensbedingungen für die höheren Pflanzen sind (in der Antarktis nach unten bis minus 196°, in der Skala nach oben bis plus 60°C), die feuchteliebenden Blattflechten kommen besonders zahlreich in den Bergen der Nordalpen über 1300m vor, Landkartenflechten überziehen die Silikatblöcke der Zentralalpen, Bartflechten an Lärchen lassen sich z. B. im oberen Vinschgau etwas abseits vom Weiler **Plawenn** in schönen Exemplaren studieren, und trotz ihrer enormen Widerstandsfähigkeit gegen natürliche extreme Umwelteinflüsse sind diese Organismen dennoch äußerst empfindlich gegen anthropogene Veränderungen ihres Lebensraums, sie können deshalb als Bioindikatoren (Zeigerpflanzen) dienen, leider: auf den Salzburger Stadtbergen (Kapuziner-, Festungs-, Mönchs- und Rainberg) ist der Flechtenbestand stark zurückgegangen

das **Isländische Moos** ist so eine Flechtenart und wird wie folgt beschrieben: Lager graugrün bis kräftigbraun, Abschnitte breit oder schmal, vielgestaltig, vom montanen Wald bis in die Nivalstufe vorkommend, angewandter Pflanzenteil (gibt es denn außerdem noch einen anderen): *Lichen islandicus*, Wirkung: die Droge ist einerseits als mildes Bittermittel aufzufassen (zur Anregung der Magensaftsekretion), andererseits wirkt sie schleimhautberuhigend und hustenreizmildernd, Indikationen: Adjuvans und mildes Expektorans bei Bronchitiden und Laryngitis, Dosierung: 3-mal täglich eine Tasse Tee, Toxikologie: Nebenwirkungen sind nicht bekannt, der phytotherapeutisch orientierte Kinderarzt Primar Franz Paky (>Schreiambulanz< Vöcklabruck) empfiehlt den kalten Auszug angewärmt allenthalben auch für hustende Kinder (mit Honig versüßt)

das Isländische Moos findet man in zerstreuten Polstern von 1/2 bis 1 m Durchmesser, aber auch in Lagern, die größere Flächen in einer Dicke von mehreren Zentimetern überziehen, die ältere Flechte hat ein dunkles, grünlichbraunes Aussehen, während die frischgewachsene hellmoosgrün ist, die untersten Teile sind grauweiß und gehen zum Teil am Boden, ohne direkt mit ihm verbunden zu sein, in Zerfall über, und sollten Sie es bei Regenwetter aus den meist buschigen Polstern ziehen und abheben, was eine eigentümliche Begeisterung hervorrufen kann und eine gewisse **krause Befriedigung** gibt, werden Sie sich über die Länge und Fülle der Exemplare sowie über das Fehlen von Wurzeln verwundern, getrocknet wird die Flechte knochenhart das isländische Moos wächst im norddeutschen Tiefland, im deutschen Mittelgebirge, vor allem aber in den bayrischen und österreichischen Alpen und deren Vorlanden, wo man es auf locker mit Kiefern (Krummholz-Latschen) und Birken bestandenen Heidemooren und Heiden sowie mager mit Riedgras, Heidekraut, Preisel- und Heidelbeeren bewachsenen, moosigen Berghalden antrifft, auf höheren Alpen liegt es häufig wie ausgestreut auf dem Grase, so daß man es in kurzer Zeit zusammenrechen kann (konnte), Sammelgut sind (oder vielmehr waren) die Moosmassen, auch die unansehnlichen, die wie verdorrtes Laub aussehen, doch sobald man sie in Wasser einweicht, quellen sie wieder auf, diese Pflanzen sind fast besser verwertbar als die frischen, denn die älteren, meist aus dem Vorjahr stammenden Flechten sind von Sonne und Regen meist so ausgelaugt, daß sie nur noch wenig Bitterstoffe enthalten und man sie ohne vorhergehende **Entbitterung** (Pottasche) verwenden kann, man sammelt das Moos am besten bei feuchtem Wetter, weil die im trockenen Zustand störrischem Blatteile dann weich und biegsam sind, nach dem Trocknen werden sie gründlich durchgelesen, von Nadeln etc. gesäubert und unter fließendem Wasser gewaschen, gut getrocknet können sie dann in geschlossenen Holzkisten über ein Jahr aufbewahrt werden, die Flechten sind ziemlich ohne Geschmack, wegen seines Gehalts an gelatinierenden Kohlehydraten eignet sich das entbitterte **Flechtenmehl** gut zur Herstellung von Obstgrützen usw.,

aus den unzerkleinerten Flechtenblättern lassen sich Gerichte herstellen, die eine der Morchel ähnliche Konsistenz haben (als sämige Suppe oder als *Muas*)

eine weit verbreitete und variantenreiche Alpensage erzählt, daß das Isländische Moos ebenso wie die Rentierflechte (sogar von streunenden Bäuerinnen leicht mit der Wolfsflechte verwechselt) einst ein saftiges Kraut gewesen sei, aber infolge des Übermuts der Sennen verwunschen wurde, eine **Rauriser Sage** berichtet darüber, daß auf einer der Tauernalmen viel ‚Lichen' gewachsen sei und daß durch dieses Futter die Kühe außerordentlich viel Milch gegeben hätten, wodurch ein Überfluß an Butter und Käse entstanden sei, was die Almleute wiederum so übermütig werden ließ, daß sie aus Butter Kugeln formten und damit kegelten, und mit den Käselaiben Brücken bauten, ja sie fluchten sogar auf den Lichen und verwünschten ihn, weil sie durch dieses Kraut die viele Arbeit mit dem Melken, Buttern und Käsen hatten, worauf der Lichen augenblicklich verdorrte und der Milchreichtum zu Ende war, seit der Zeit wird diese Pflanze in den Rauriser (auch Seidlwinkel-, Hüttwinkel-)Tälern *Senninfluach* genannt

im Kanton **St. Gallen**, der unterm Alpstein auch ins Rheintal hereinreicht, erzählt man sich die Sage in folgender Fassung: Renntierflechte (*Cladonia rangiferina*), Isländisch Moos (*Cetraria Islandica*) und Frauenmantel (*Alchemilla monticula* und *alpina*) waren alle drei sehr milchreiche Kräuter, so daß die Kühe dreimal am Tag gemolken werden konnten und mußten, worauf auch hier die Alpknechte zu murren anfingen:

ach melken, melken immerfort
oh, wärt ihr Kräuter längst verdorrt
die ihr so reichlich sprießet
von Milch ihr überfließet

in seinem Überdruß ging das genervte Almpersonal sogar noch weiter und stieß folgende Verwünschung aus:

verflucht sei Ciprio, Mutter, Ritz
vom Rhein bis auf die höchste Spitz

als nun die Pflänzchen zu verdorren anfingen, erwachte in einem der Knechte das schlechte Gewissen, er suchte daher das Unheil durch folgendes **Gegen-Sprüchlein** wieder gut zu machen:

behüt mir Gott Mutter und Ritz
vom Rhein bis auf die höchste Spitz

leider hat er aber in der Eile den *Ciprio* (also das Isländische Moos) vergessen, so daß nur die beiden anderen (*Ligusticum mutellina*/Mutterwurz und *Plantago alpina*/Wegerich/Ritz) wieder zu grünen anfingen, während jener völlig abstarb und für alle Zeiten als milchgebendes Kräutlein verloren war in einer Ötztaler Sage wandelt und wandert Christus selbst als Bettler verkleidet auf der Erde, um die Gesinnung der Menschen zu prüfen, er kommt zu einem gestandenen Bauernhof, darin Übermut und Reichtum vorherrscht und wo die stolze Bäuerin in VollMilch badet, deren Überfluß eben vom *Miseré* herrührt (ein anderer Volksname für Isländisch Moos), und als Jesus von der stolzen Bäuerin das erbetene Almosen verweigert wird, spricht er den schicksalhaften Kurzvers:

Miseré
wachs unterm Schnee

sogleich verschwand im ganzen Tal und in allen Tallagen darüber hinaus das Isländisch Moos von den Matten und mit ihm blieb auch der einstige Milchsegen aus, nur mehr hoch oben auf den Bergen ist es als Heilkraut noch zu finden

nimm-mir-nichts

kleiner Alchemist, den Grund des Blatttrichters gefüllt mit flüchtigem Himmelswasser, zur Abwehr von Gewittern, draußen/drinnen, zur Linderung von Schmerz an Kopf und Zahn, den Zackenmantel der Madonna sieht darin der Christ, zur Aufnahme der anderen, armer Kinder, von Alten, Siechen, Migranten, Asozialen, zur lieblichen Einwohnung des Herrn, dies Bild wird umso heftiger herbeibeschworen, je weiter weg die Macht realer Hilfe rückt, und allsogleich sah sie das Vögelein, nein: allsogleich sah sie sich selbst in der Gestalt des Vögleins zum Schoß des Herrn hinfliegen, darin ruhen, daß sie wie tot in Gotts Genusse lag, mit zugetanen Augen

der Geist des Krauts heilt Wunden, Weißfluß, Wallungen im Wechsel, treibt die Milch heraus (der frommen Denkungsart), strafft Brust, als formenreiche Sammelspezies, in diesem Punkt Euphrasia (dem Augentrost) sehr ähnlich, als Waschwasser bei entzündlichen Prozessen an den Augen, einmal erschien es mir, ich sei sehr trocken, ohne Andacht, und ich bat Gott um seine Gegenwart, Einströmung seiner Gnaden, daß ich das vordem nicht Gedachte denken/schreiben konnte, als Tee und Abguß zur Intimspülung empfohlen, bei antibiotisch gestörter Flora, die Liebe näherte sich mir als Sichel, daß alle meine Glieder sanft sich lösten, in süßer Sättigung, dem kleinen Unterschied wird ein verbissener Wissenschaftler wohl sein ganzes Leben lang nachzugehen trachten, innig, bleibt allemal leibhaftig vor der Tür, so sehr er sich diesem Detailgebiet auch widmet, widmen mag, Beschreibbarkeit beruhigt, Beschreibungsansatz löst den Bann, *sensu lato*, zuallererst die Blattspitzen gezähnt/gezählt, in 7 bis 11 gespreizten Fingern, wenn neue Formen, dann neue Namen, sagt Dr. Buser aus Genf, der ungekrönte Alchemillenkönig, die Merkmale bleiben über Generationen hinweg konstant, ohne vorherige Befruchtung bildet nämlich eine **Embryosackmutterzelle** den Samen aus, es gibt also keine Kreuzungen, nur Mütterkinder, 5 kleinerwachsene Köpfe, etwelche Hände schauen aus den Falten der Frauenberger Schutzmantelmadonna hervor, 4 Köpfchen sind noch draußen, ungeschützt, man findet sich vor einer tragbaren Marienstatue in Maria am Mösl wieder, so einem halbvergessenen Wallfahrtsort, sieht in Wagrain die Muttergottes an der Mauer, mit Klein-Christkönig auf dem Arm, die Reichsinsignien rechts in Händen, Madonna in Mandorla, im doppelt spitzwelligen Strahlenkranz

verwachsen/schlitzblättrig, kalkfliehend/kalkhold, als jeweils neu benamte Varietät, ist dieser Tau nun gar kein Tau, heißt **Guttation**: zu sehen auch bei Schöllkraut, Seidelbast, das perlende Naß fällt nicht von außen nieder, unterm gestirnten Himmelszelt, der Vorgang hält vielmehr den notwendigen Saftstrom in den Kapillaren aufrecht, in schwüler Sommernacht, Luftfeuchtigkeit gesättigt: das würde, träte da nichts aus, den Nährstofftransport im Inneren der Pflanze zum Erliegen/Stocken bringen, stolz stopfen wir uns mit konkretem Wissen, Wissenstropfen, voll, ich frage jetzt: was meint das Wort, die Rede, *sint* wie in Sintflut: heißt so viel wie *allgemein*, bis jetzt sind im Labortest vor allem Gerb- und Bitterstoffe nachgewiesen worden, *Taukräutel Sinau Sintau hilft der Frau*, in täglicher Betrachtung, als Merkspruch echolalisch, in aneignender Lektüre, aufgehobener Wiederschrift, hingebungsvollem direktem Gebrauch, so wisse denn fürwahr: niemals wirst ausgehen du dem Kerker deines Fleisches, als bis du diesen Groschen, jetzt noch zurückgehalten, hast bezahlt, mit den betauten Blättern streichen sich die Mädchen, um Sommersprossen zu vertreiben, über Arm und Stirn, als Aufguß, Absud, Preßsaft, Sitzbad im Liebfrauenmantel, Sidenchlee: so wird verlorengegangene Jungfräulichkeit hienieden wiederhergestellt

Störenfried Nr. 1 biegt um die Landschaftskante, zu ebendiesem Zeitpunkt, als der Zusenn und der Pfister mit dem Vieh beim Almabtrieb an der äußersten WegEcke angekommen sind, im letzten Rückblick hin auf ihren liebverhaßten Sommerplatz, da nehmen sie zu ihrem Entsetzen wahr, wie der Tuntsch/der Toggel die blutige Haut des Käsers auf dem Hüttendach zum Trocknen ausbreitet, bereits ausgebreitet hat (psychoanalytisch konsequent), die Uralt-Sennin taucht rechtzeitig vorm anstapfenden Besuch in den Kräutergraben hinterm Trempel weg, Saugramperl Silbermantel sammelnd, zum Selbstgebrauch, nun ist es aber doch zu spät: eifrige Blumenfotografen, in ihrer Neigungsgruppe, verharren vorerst reglos, überaus interessiert nach vorn gebeugt, sie blitzen tief ins nie gesehene Gras hinein, dann hebt der eine schnell sein variables Objektiv nach der entschwindenden Gestalt, die einheimische Alte, pittoresk, kurios, wird als hiesige Indianerin ins Bild gebannt, man trägt das **Pflanzenfoto** als vermeintliche Aufgabe für später, zu erhoffter wirklicher Betrachtung, heim die tiefgeschlitzte Form ein schlimmes Unkraut, heißt es, die kleinen Blüten, Blütenblätter fehlen, dafür Kelchbecher mit 4 grünen Zähnen, süß und zugleich muffig duftend, vom Rindermaul gemieden, zur Not nimmt es die Ziege an, in einem ihrer 11 täglich gestohlenen Bissen, hilft, aber wie, gegen Verwünschungen von Mensch und Vieh, sei mir nicht bös, daß ich dich pflücke, ich reiße dich zu unser aller Wohl, genügt es denn, im Augenblick des Sammelns über **diesem Kraut über alle Kraut**, über diesem *Kräutlein über alle Kräutlein*, über diesem Blatt, dem nächsten, übernächsten jeweils wieder so liebevolle Worte auszusprechen, nimm's uns nicht übel, daß wir dich rupfen, dörren, überbrühen, die solcherart angesprochene Nessel soll nicht brennen, der Hollerbusch (wir ziehen vor ihm bei jedem Defilee den Hut) schenkt dir ab Mai die duftend weißen Blütenteller, ein liebevoller Blick auf Pflanze, Körper, Form und Bild, da geht der Wundarzt wassersammelnd durch die Wiese, kniet vor dem nächsten kleinen Blätterbecken nieder, ein neuer schwerer Tropfen jetzt in seinen Becher rollt

ach haben wir das trockene Knirschen gern, beim ersten Morgenfrost, nach 100 Tagen dann der Schnee, reifweiße Wiesenmatte lockt den Schritt hinaus, da werden Blätter, Blüten, Stengel plattgetreten, die richtet erst die Sonne wieder auf, da wird der Spurverlauf im Tauhang sichtbar, als dunkler Strich im überglänzten Grün, das Einzelblatt aufs schönste eingefältelt, später dann weit gespreizt, man spricht von Quintessenz, von Läuterung, von aufgestiegenen Wassern (dem Seelenweg des Menschen analog), verdunstet in den Himmel, man sieht das Blatt als Schoß (in emblematischer Betrachtung), wir dürfen Sie jetzt nochmals darauf aufmerksam machen, daß es sich bei dieser funkelnden Erscheinung nicht um die Folge eines äußeren Niederschlags handelt, sondern um eine Eigenanstrengung der Pflanze selbst, Saugkräfte mit vielen Atmosphären Druck, das Naß, die aus der Erde aufgenommene Nährlösung, sozusagen klares Pflanzenblut, wird aus den bernsteingelben Röhrchen im Inneren des Blattes zwischen die Zellen eingepreßt, es staut sich dann im Bereich des gezähnten Blattrands an und tritt dort an den Wasserspalten als Kranz anschwellender Wasserperlen aus, bald in den Mittelgrund, den Trichter, abgeronnen, bildet sich aus den Einzeltröpfchen dieser seltsam glasig abgeschlossene unrunde Ball, rollt ohne zu Zerfließen bei leichter Blattbewegung hin und her

das grünlichgelbe Blütenhäufchen, unscheinbar, *Rosoidee*, auf jeweils einsamige Schließfrucht ausgelegt, wird oft als Blüte kaum erkannt, auch ohne Befruchtung embryonenbildend, Vermehrung parthenogenetisch, im Gartenbau einfach vegetativ, wenn man von Hand zur rechten Zeit die größeren Wurzelstöcke teilt, beiläufig weiter nicht gepflegt, da wuchert's hoch, auf Schotterboden draußen in der Ebene, am Valentinstag in St. Valentin, im Kräuterbeet der Krankenschwester, Evas Garten, so kräftig, staudig, daß man das Kraut als solches fürs erste nicht erkennt, es kindelt aus das Alpenrispengras (*vivipara*, *viviparum*), es wachsen Brutzwiebeln (knusprig, rötlichbraun) unter dem weißen Blütenstand des Knöllchenknöterichs, der heißt auch: **bring-mirs-wieder**

kommt Frühherbst, Herbst und erster Schnee, und alsbald haben wir versäumt, genügend frische Blätter in erlaubter Frist zu pflücken, von Frauenhand im Schattenhang gesammelt zwischen Zirben, wo die Gemsen stehen, die ihrerseits alsbald die Sammlerin auf eigene Weise äsend sehen, zwischen den beiden Frauentagen, groß und klein, nicht lang vor Mittag, sobald das Scheidewasser von der Sonne aufgetrocknet ist, wie mirnichtsdirnichts weggesogen

reinigt den Frauen die Mutter/ hilft dem kalten Mann aufs Pferd

nämlich der oder die speziell in Gebirgshöhen um 1700 m vorkommende Meisterwurz (*Imperatoria* oder *Peucedanum ostruthium*), einst als eine Art **Panacee** (Allheilmittel) in Gebrauch, kann sie/er heute als vergessene Heilpflanze bezeichnet werden, man schreibt ihm/ihr zwei Wirkungszonen im menschlichen Körper zu (Bronchien und Verdauungstrakt) und erwartet Hilfe bei entsprechenden Beschwerden (Asthma, Atem- und Appetitlosigkeit, Völlegefühl etc.), und da sich die Pharmakognosie (wie mit einigen anderen Pflanzen auch) noch nicht intensiv mit dieser *Umbellifera* beschäftigt hat, fehlen (einstweilen) Meisterwurzpräparate in der standardisierten Phytotherapie

Meisterwurz**brand** auf Obstbasis wird im Zillertal (Eggerhof Schwendau), im Berchtesgadenerland (Grassl) und in kleinerem Umfang in der Ramsau am Dachstein (Karl Pilz, Aschbeehäusl) hergestellt, selbst läßt sich diese alte Kulturpflanze (Belege bei Hildegard von Bingen und in den Akten eines Kuchler Hexenprozesses, dort am Mittelrhein von **Engel**n gebracht, hie im Salzachtal als ein Kraut des **Teufel**s verdammt) gut in Kornbrand oder in anderen klaren Schnäpsen (mit wenig Eigengeschmack) ansetzen, für $^1/_4$ oder $^1/_3$ Liter Destillat sind einzwei kleine Wurzelabschnitte ausreichend, man kann diese entweder in der Flasche belassen oder nach einigen Wochen herausnehmen, was in weiterer Folge zu einer geschmacklichen Abrundung des (ehemaligen) **Ansatz**es führt, die Gefahr der Verbitterung wie beim Enzian ist beim Meisterwurz nicht in gleichem Maß gegeben, der Ansatz wird als **Aperitiv** empfohlen, manche Menschen mit Verdauungsbeschwerden schwören aber auch als **Digestiv** auf ein Glas Meisterwurzschnaps, (cave: ca. 20 Minuten nach Genuß kann es zu kleineren Heißhungeranfällen kommen)

Primula/
Himmelschlüssel

Bellis/Gänseblümchen

Literatur & Hinweise

Albertus Magnus germ: Daraus man alle Heimlichkeit des Weiblichen Geschlechts erkennen kann, deßgleichen von ihrer Geburt, sampt mancherlei Artzney der Kräuter, auvh von tugent der edlen Gestin und der Thier etc. Franckfurt am May 1608

Bapst von Rochlitz, Michael: Juniperetum oder Wacholder-Garten. Eisleben 1605

Barnaby, Conrad III.: Absinthe. San Francisco 1988

Bächtold Steubli, Hanns unter Mitarbeit von Eduard Hoffmann-Krayer: Handwörterbuch des deutschen Aberglaubens.

Beitl, Richard: Wörterbuch der deutschen Volkskunde. Stuttgart 1974

Carrichter, Bartholomäus: Das Buch von der Harmonie, Sympathie, und Antipathie der Kräuter und ihrer vier ersten Materien. Nürnberg 1686

Eliade, Mircea: Das Heilige und das Profane. Vom Wesen des Religiösen. Frankfurt a. M./Leipzig 1998

Fischer, Manfred A.; Oswald, Karl; Adler, Wolfgang: Exkursionsflora für Österreich Liechtenstein und Südtirol. Linz 2008 [3.Aufl.]

Hänsel, Rudolf; Sticher, Otto: Pharmakognosie – Phytopharmazie. Heidelberg 2007 [8.Aufl.]

F. Höfer und M. Kronfeld: die Volksnamen der niederösterreichischen Pflanzen. Wien 1889

Höfler, Max: Der Frauen-Dreißiger. In: Zeitschrift für österreichische Volkskunde. XVIII. Jahrgang 1912. Wien

Länger, Reinhard; Kubelka, Wolfgang: Phytokodex, Pflanzliche Arzneispezialitäten in Österreich. Wien 2001

Länger, Reinhard; Schiller, Heinz: Gesundheit aus der Naturapotheke. Wien/New York 2004

Madaus, Gerhard: Lehrbuch der biologischen Heilmittel. Leipzig 1938

Marzell, Heinrich: Unsere Heilpflanzen, ihre Geschichte und ihre Stellung in der Volkskunde. Ethnobotanischer Streifzug von Heinrich Marzell. Freiburg im Breisgau 1922

Marzell, Heinrich: Geschichte und Volkskunde der deutschen Heilpflanzen. Stuttgart 1938 [2. Verm. U. verb. Aufl.]

Phyto. Therapie Austria. Zeitschrift der Österreichischen Gesellschaft für Phytotherapie.

Pranntweiner, Jörg: Ein Büchlein mit kurtzer underricht die natur des wachalters baumbs und des Öls krafft von den Wachalten dern künstlich an zusatz distiliert und retificirt zu offenbaren. In druck geben durch Jörg Pranntweiner wonhafft zu Mistlwach. o.O. 1551

Schilcher, Heinz; Kammererer, Susanne; Wegener, Tankred: Leitfaden Phytotherapie. München/ Jena 2007 [3.Aufl.]

Seibert, Jutta: Herders Lexikon der christlichen Kunst. Themen, Gestalten, Symbole. Erfstadt 2002

Tabernaemonatus, Theodorus Jacobus: Neuw vollkommentlich Kreuterbuch, mit schönen und künstlichen Figuren, aller Gewächs der Bäumen, Stauden und Kräutern. Franckfurt o A. 1625

Abbildungsverzeichnis

Herbarium Stift Admont:

Herbarium der Universität Wien:

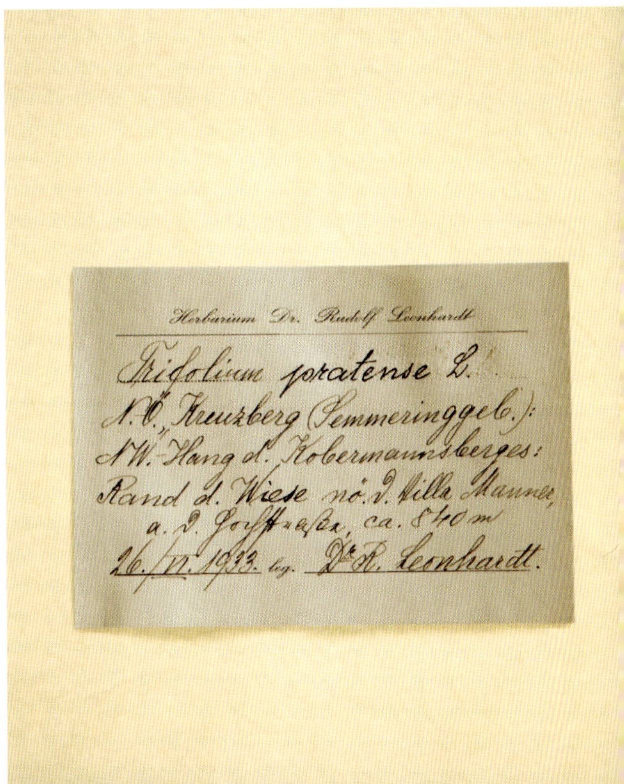